El Acantilado, 101
TRES MAESTROS

STEFAN ZWEIG

TRES MAESTROS
BALZAC, DICKENS, DOSTOIEVSKI

TRADUCCIÓN DEL ALEMÁN
DE JOAN FONTCUBERTA

BARCELONA 2004   ACANTILADO

TÍTULO ORIGINAL *Drei Meister*

Publicado por
ACANTILADO
Quaderns Crema, S. A.

Muntaner, 462 - 08006 Barcelona
Tel. 934 144 906
correo@acantilado.es
www.acantilado.es

© de la traducción, 2004 by Herederos de Joan Fontcuberta Gel
© de esta edición, 2004 by Quaderns Crema, S. A.

Derechos exclusivos de esta traducción:
Quaderns Crema, S. A.

La publicación de esta obra ha recibido
una ayuda de Goethe-Institut

En la cubierta, ilustración de Albert Romero

ISBN: 978-84-96136-84-7
DEPÓSITO LEGAL: B. 21 574-2011

AIGUADEVIDRE *Gráfica*
QUADERNS CREMA *Composición*
ROMANYÀ-VALLS *Impresión y encuadernación*

DÉCIMA REIMPRESIÓN *marzo de 2024*
PRIMERA EDICIÓN *mayo de 2012*

CONTENIDO

A Romain Rolland
en agradecimiento
por su amistad inquebrantable
en los años luminosos y en los oscuros

INTRODUCCIÓN

Aunque escritos en un lapso de tiempo de diez años, no es por casualidad que reúno en un solo libro estos tres ensayos sobre Balzac, Dickens y Dostoievski. Con un propósito común trato de mostrar a los tres grandes novelistas —y en mi opinión los únicos— del siglo xix como prototipos que precisamente por el contraste de sus personalidades se complementan y quizás elevan a forma clara y distinta el concepto de novelista, es decir, de forjador de mundos épicos.

Cuando afirmo que Balzac, Dickens y Dostoievski son los únicos grandes novelistas del siglo xix, con esta prelación no pretendo en absoluto ignorar la grandeza de ciertas obras de Goethe, Gottfried Keller, Stendhal, Flaubert, Tolstói, Victor Hugo y otros, algunas de cuyas novelas, tomadas por separado, superan a veces en mucho a las de Balzac y Dickens. Por eso, creo que debo aclarar explícitamente mi profunda y firme convicción de que existe una diferencia entre el autor de una novela y el novelista. Novelista, en el sentido más elevado de la palabra, sólo lo es el genio enciclopédico, el artista universal que —aquí la extensión de la obra y la plétora de personajes se convierten en argumento— construye todo un cosmos, que junto al mundo terrenal crea el suyo propio con sus propios modelos, sus propias leyes de gravitación y su propio firmamento. Impregna tanto con su propio ser cada figura, cada acontecimiento, que no sólo

9

se vuelven típicos para él, sino también meridianos para nosotros, con una fuerza que a menudo nos induce a poner su nombre a hechos y personas, de modo que, por ejemplo, decimos de alguien contemporáneo que es una figura balzaciana, un personaje dickensiano o un carácter dostoievskiano. Cada uno de estos artistas crea una ley de vida, un concepto de la vida, con la plétora de sus figuras, y los destaca con tanta armonía que gracias a él el mundo adopta una nueva forma. Y presentar en su unidad oculta esta ley interior, esta formación de caracteres es el intento esencial de mi libro, cuyo subtítulo no escrito podría ser: «Psicología del novelista».

Cada uno de estos tres escritores tiene su propia esfera. Balzac, el mundo de la sociedad; Dickens, el mundo de la familia; Dostoievski, el mundo del Uno y del Todo. Comparando las tres esferas se ven sus diferencias, pero mi intención no ha sido interpretar tales diferencias formulando juicios de valor o subrayar los elementos nacionales de un artista con simpatía o aversión. Todo gran creador es una unidad que encierra en sí mismo sus fronteras y su peso según sus propias medidas; toda obra tiene un solo peso específico, que no es absoluto en la balanza de la justicia.

Los tres ensayos presuponen un conocimiento de las obras: no pretenden ser una introducción, sino sublimación, condensación, extracto. Puesto que compendian, tienen que limitarse a dar mis impresiones personales. Lamento sobre todo esta insuficiencia necesaria en el ensayo sobre Dostoievski, cuya medida infinita nunca se podrá abarcar, como la de Goethe, con ninguna fórmula, por amplia que sea.

Me hubiera gustado añadir a estas tres grandes figuras del francés, el inglés y el ruso, el retrato de un representante de las letras alemanas, uno de esos creadores de mundos épicos en el sentido elevado que doy a la palabra novelista. Pero no encuentro ni uno solo que ostente este rango tanto en el presente como en el pasado. Quizá la intención de este libro sea reclamarlo para el futuro y saludarlo desde la distancia.

Salzburgo, 1919

BALZAC

Balzac nació en 1799 en la Turena, la provincia de la abundancia, la alegre patria de Rabelais. Junio de 1799: la fecha merece ser repetida. Napoleón—al que el mundo, ya alarmado por sus hazañas, llama Bonaparte—regresó de Egipto este mismo año, mitad victorioso, mitad fugitivo. Había luchado bajo un cielo extranjero, ante las pirámides, testigos de piedra, y demasiado cansado para terminar con tenacidad una obra empezada grandiosamente, había huido a escondidas en un pequeño barco, sorteando las corbetas de Nelson, que lo acechaban; unos días después de su regreso, reunió a un puñado de fieles seguidores, barrió la Convención, que se le oponía, y en un momento se hizo con el poder en Francia. 1799, el año del nacimiento de Balzac, marca el comienzo del Imperio. El nuevo siglo ya no conoce al *petit général*, al aventurero corso, sino únicamente a Napoleón, emperador de Francia. Diez, quince años más tarde—los años de adolescencia de Balzac—, sus manos ávidas de poder abarcan media Europa, mientras sus ambiciosos sueños se extienden con alas de águila sobre el mundo entero, de Oriente a Occidente. A una persona como Balzac, que vive con tanta intensidad el mundo que lo rodea, no podía dejarla indiferente la coincidencia de sus primeros dieciséis años de vida con los dieciséis del Imperio, quizá la época más fantástica de la historia universal. Pues las primeras experiencias y el destino,

¿no son en realidad dos caras de una misma cosa? El hecho de que alguien, cualquiera, llegue a París de una isla cualquiera del azul Mediterráneo, sin amigos, sin oficio ni beneficio, sin fama ni dignidad, tome posesión del poder desenfrenado, lo sujete y lo lleve de la rienda, el hecho de que alguien, un extraño, completamente solo, se apodere de París sin ayuda de nadie, y luego de Francia y luego del mundo entero, ese capricho aventurero de la historia no llega a conocimiento de Balzac a través de inverosímiles letras impresas entre leyendas e historias, sino que penetra lleno de color, a través de sus sedientos y despiertos sentidos, en su vida personal con mil variopintos recuerdos y realidades que pueblan el mundo todavía virgen de su interior. Tales episodios se convertirán necesariamente en ejemplo. El niño Balzac aprende tal vez a leer en las proclamas que con orgullo y en tono solemne y rudo, casi romano, narran las victorias en tierras lejanas; sus dedos infantiles recorren todavía torpes el mapa en que Francia se extiende poco a poco por Europa como un río desbordado, siguiendo las marchas de los soldados de Napoleón, hoy a través del monte Cenis, mañana de Sierra Nevada, vadeando ríos hacia Alemania, por la nieve hacia Rusia, por el mar ante Gibraltar, donde los ingleses prenden fuego a la flotilla con balas de cañón incendiarias. Quizá los soldados han jugado con él en la calle durante el día, soldados en cuyos rostros los cosacos habían escrito con sus sables las cicatrices que ostentaban; de noche, quizá ha sido despertado a menudo por el furioso tronar de los cañones que se dirigen a Austria para romper la capa de hielo de la caballería rusa en Austerlitz. Todos los anhelos infantiles han debido de reducirse a un nombre estimulante, un pensamiento, una idea: Napoleón. Ante el gran parque que desde París conduce al mundo, se levanta un arco de triunfo con los nombres grabados de las ciudades de medio mundo conquistadas, y ¡cómo ha debido de transformarse este sentimiento de poderío en una inmensa frustración cuando, más adelante, tropas extranjeras desfilarán con músicas y banderas bajo este orgulloso arco! Lo que ocurre fuera, en el agitado mundo, crece hacia dentro como una experiencia vivida. Pronto conoce la tremenda subversión de los valores, tanto los morales como los materiales. Ve cómo los asignados, que tenían asegurado un valor de cien o mil francos con el sello de la República, revolotean llevados por el viento como papel sin valor alguno. En las monedas de oro que se deslizan por su mano figura tan pronto el obeso perfil del rey decapitado como el gorro jacobino de la libertad, o el rostro romano del Cónsul, o Napoleón revestido de emperador. En una época de trastornos tan profundos, en que la moral, el dinero, la tierra, las leyes, las jerarquías, todo lo que durante siglos se ha contenido dentro de sólidas barreras rezuma o se desborda, en una época de tamaños cambios nunca vividos, tuvo por fuerza que darse cuenta de la relatividad de todos los valores. El mundo que lo rodeaba era un torbellino y cuando su mirada mareada buscaba una orientación, un símbolo, una estrella del norte por encima de esta encrespada agitación, sólo encontraba a Uno y al Mismo en medio de las vicisitudes: aquel del cual procedían esos miles de vaivenes y conmociones. Y aun a ése, a Napoleón, llegó a conocer. Lo vio cabalgar en un desfile, con las criaturas engendradas por su voluntad: con Rustan, el mameluco; con José, al que regaló España; con Murat, al que dio Sicilia en propiedad; con Bernadotte, el traidor; con todos aquellos para los que acuñó coronas y conquistó reinos, a los que él había sacado de la nada de su pasado para elevarlos al esplendor del presente. En un segundo se grabó en la retina de Balzac una imagen viva y penetrante, más grande que todos los ejemplos de la historia: ¡había visto al gran conquistador del mundo! Y para un niño, ver a un conquistador, ¿no es lo mismo que desear serlo también? Otros dos conquistadores descansaban también en este momento en dos lugares distintos: en Königsberg, donde uno resolvía la confusión del mundo transformándola en una cosmovisión, y en Weimar, donde un poeta poseía este mundo en su totalidad con no menos dominio que Napoleón con sus ejércitos. Pero estas conquistas fueron todavía durante mucho tiempo una meta lejana e inalcanzable para Balzac. El afán de no querer sino siempre el todo, nunca una parte, la avidez de aspirar a la plenitud universal, esta ambición febril, la debe en primer lugar al ejemplo de Napoleón.

Esta formidable voluntad universal no conoce todavía el camino que debe emprender de inmediato. Balzac no se decide de momento por ninguna profesión. De haber nacido dos años antes, a los dieciocho hubiera entrado en las filas de Napoleón, tal vez hubiera asaltado las alturas de la Belle Alliance, barridas por la metralla de los ingleses; pero a la historia universal no le gustan las repeticiones. Al cielo tempestuoso de la época napoleónica siguen días estivales, templados, suaves y reposados. Bajo el reinado de Luis XVIII el sable se convierte en florete, el soldado en cortesano, el político en discursista; ya no es el puño de la acción ni la oscura cornucopia del azar quien adjudica los altos cargos del Estado; son blancas manos femeninas las que distribuyen gracias y favores; la vida pública se cubre de arena y se aplana, las olas encrespadas de los acontecimientos se alisan hasta convertirse en un apacible estanque. Ya no es posible conquistar el mundo con las armas. Napoleón, ejemplo para algunos, es una disuasión para muchos. Y lo mismo el arte. Balzac empieza a escribir. Pero no, como los demás, para acaparar dinero, para divertir, para llenar los estantes de libros, para ser tema de conversaciones de bulevar; no ambiciona un bastón de mariscal en la literatura, sino la corona de emperador. Empieza en una buhardilla. Escribe las primeras novelas con seudónimo, como para probar sus fuerzas. Todavía no es la guerra, sino sólo un juego de guerra; todavía no es la batalla, sólo son maniobras. Insatisfecho con el resultado, descontento del éxito, arroja la pluma; durante tres o cuatro años se dedica a otros oficios, trabaja de escribiente en un despacho de notario, observa, ve, penetra con su mirada el mundo y lo saborea, y luego empieza de nuevo. Pero ahora con aquella formidable voluntad que aspira al todo, con aquel empeño fanático y gigantesco que desestima el detalle, el síntoma, el fenómeno, lo aforístico, para abarcar sólo lo que gira en grandes oscilaciones y escuchar el misterioso engranaje de los impulsos primigenios. De la mezcolanza de los acontecimientos obtener los elementos puros; de la maraña de números, la suma; del estruendo, la armonía; de la plétora de vida, la esencia; meter el mundo entero en su retorta, crearlo de nuevo, *en raccourci*, en una síntesis precisa, y, así sometido, insuflarle vida con su propio aliento, guiarlo con sus propias manos: ésta es ahora su meta. Nada debe perderse de esta diversidad, y para reducir lo infinito a lo finito, lo inasequible a lo humanamente posible, sólo existe un proceso: la compresión. Todos sus esfuerzos tienden a comprimir los fenómenos, a pasarlos por un tamiz en el que se queda todo lo que no es esencial y sólo se filtran las formas puras, y luego a estrujar estas formas aisladas y dispersas en el rescoldo de sus manos, integrar esa enorme diversidad en un sistema claro y fácil de comprender, como Linneo compendia los millones de plantas en un cuadro sinóptico o el químico las innumerables composiciones en un puñado de elementos: tal es su ambición. Simplifica el mundo para luego domeñarlo, y, una vez sometido, lo encierra en la grandiosa cárcel de *La comedia humana*. Con este proceso de destilación sus personajes se convierten en tipos, en compendios característicos de una mayoría que una inusitada voluntad artística ha depurado de todo lo superficial y accesorio. Estas pasiones rectilíneas son las fuerzas motrices; estos tipos puros, los actores; y este mundo simplificado con decorados, los bastidores de *La comedia humana*. Balzac concentra introduciendo en la literatura el sistema administrativo centralizado. De la misma manera que Napoleón, convierte Francia en el recinto del mundo y París en su centro. Y dentro de este círculo, en el mismo París, traza otros círculos: la nobleza, el clero, los obreros, los poetas, los artistas, los sabios. Concentra cincuenta salones aristocráticos en uno solo, el de la duquesa de Cadignan; a cien banqueros en el barón de Nucingen; a todos los usureros en Gobsec; a todos los médicos en Horace Bianchon. Hace convivir a todas estas personas en una estrecha relación, tratarse con frecuencia, enfrentarse con vehemencia. Allí donde la vida engendra mil variedades, él sólo tiene una. No conoce tipos mixtos. Su mundo es más pobre que la realidad, pero más intenso, pues sus personajes son extractos, sus pasiones son elementos puros y sus tragedias, condensaciones. Como Napoleón, comienza con la conquista de París. Después ocupa las provincias una tras otra—cada departamento envía en cierto modo su portavoz al parlamento de Balzac—y luego, como el victorioso Cónsul Bonaparte, lanza sus tropas por todos los demás países. Se expande, manda a sus hombres a los fiordos de Noruega, a las llanuras arenosas y quemadas de España, bajo el cielo de color de fuego de Egipto, a los puentes helados del Beresina, a todas partes, y aun más allá, llega su voluntad de conquistar el mundo, como la de su gran modelo. Y así como Napoleón, descansando entre dos campañas, creó el *Code civil*, Balzac, descansando de la conquista del mundo en *La comedia humana*, crea un código moral del amor y del matrimonio, un tratado fundamental y, todavía con una sonrisa, traza sobre el meridiano de su gran obra el alegre arabesco de los *Cuentos droláticos*. De la miseria más profunda, de las chozas de los campesinos, sube a los palacios de Saint-Germain, entra en los aposentos de Napoleón: por todas partes rasga la cuarta pared y pone al descubierto los secretos de las habitaciones cerradas; descansa con los soldados en las tiendas de la Bretaña, juega a la Bolsa, mira entre bastidores, observa el trabajo del sabio; no hay en el mundo rincón que no ilumine su llama mágica. De dos a tres mil hombres forman su ejército. En efecto, han aparecido como por arte de magia, han crecido de la palma de su mano, han salido de la nada, desnudos, y él los viste, les concede títulos y reinos; como Napoléon a sus mariscales, los vuelve a desposeer, juega con ellos, los azuza unos contra otros. Incontable es la multitud de acontecimientos, inmenso es el paisaje que se abre detrás de ellos. Única en la literatura moderna, como único es Napoleón en la historia moderna, es esta conquista del mundo en *La comedia humana*, este contener entre dos manos la vida entera, compendiada. Pero el sueño infantil de Balzac era conquistar el mundo, y nada es más fuerte que un intento temprano que se convierte en realidad. No en vano había escrito bajo un retrato de Napoleón: «Ce qu'il n'a pu achever par l'épée je l'accomplirai par la plume.»

Y como él son sus héroes. Todos poseen el afán de conquistar el mundo. Una fuerza centrípeta los lanza fuera de la provincia, de la patria chica, hacia París. Ahí está su campo de batalla. Cincuenta mil jóvenes, un ejército, avanzan hacia la capital, con una fuerza virgen, todavía no puesta a prueba, con una energía confusa, deseosa de descargar, y aquí, en un espacio reducido, chocan entre sí como proyectiles, se aniquilan, se empujan hacia la cumbre, se arrastran al abismo. Nadie tiene un puesto reservado. Cada cual tiene que ganarse la tribuna de orador, y forjar ese metal flexible duro como el acero y que se llama juventud para convertirlo en un arma, concentrar sus energías en un explosivo. Balzac puede preciarse de haber sido el primero en demostrar que esta lucha en el seno de la civilización no es menos encarnizada que la de los campos de batalla: «Mis novelas burguesas son más trágicas que vuestras tragedias», lanza a los románticos. Pues lo primero que estos jóvenes aprenden en los libros de Balzac es la ley de la implacabilidad. Saben que son demasiados y que tienen que devorarse—la imagen es de Vautrin, el favorito de Balzac—como arañas en un tarro de cristal. Tienen que templar en el veneno ardiente de la experiencia las armas forjadas en la juventud. Sólo el que sobrevive tiene razón. Vienen de los treinta y dos puntos de la rosa de los vientos como los *sans-culottes* del Gran Ejército, se destrozan los zapatos camino de París, el polvo de las carreteras se les pega a la ropa y su garganta se abrasa con la terrible sed de placer. Y cuando miran a su alrededor en esta nueva y mágica esfera de la elegancia, la riqueza y el poder, se dan cuenta de que, para conquistar esos palacios, esas mujeres y estos dominios, de nada les sirve lo poco que llevan consigo. Comprenden que, para poder aprovechar sus facultades, tienen que fundirlas de nuevo y transformar la juventud en tenacidad, la inteligencia en astucia, la confianza en perfidia, la belleza en vicio, la temeridad en hipocresía. Pues los héroes de Balzac son de lo más codiciosos, aspiran a todo. Todos viven la misma aventura: un tílburi cruza veloz por delante de ellos, salpicándolos de lodo, el cochero esgrime el látigo; dentro del coche va una mujer joven, en su pelo brilla una joya. Una mirada pasa flotando como una ráfaga de viento. Es seductora y hermosa, un símbolo de placer. Y todos los héroes de Balzac tienen un solo deseo en este momento: ¡Para mí esta mujer, el coche, los criados, la riqueza, París, el mundo! Los ha corrompido el ejemplo de Napoleón, para quien todo poder es venal y está al alcance incluso del más humilde. No luchan, como sus padres, por un viñedo en la provincia, por una prefectura o una herencia, sino por símbolos, por el poder, por subir hasta el círculo de luz en que brilla el sol imperial de la flor de lis y el oro se escurre entre los dedos como agua. Y así nacen aquellos grandes ambiciosos a los que Balzac atribuye músculos más poderosos, elocuencia más vehemente, impulsos más enérgicos y una vida, aunque más breve, más intensa que a los demás. Son hombres cuyos sueños se hacen realidad, poetas que, como él dice, escriben en la materia de la vida. Dos caminos distintos se abren al caminante: uno para el genio, otro para el hombre vulgar. Cada cual debe encontrar el método propio de alcanzar el poder o aprender el de otros, el método de la sociedad. Caer mortíferamente como una bala de cañón sobre los demás, que obstaculizan el camino entre él y el objetivo, o envenenarlos insidiosamente como la peste, aconseja Vautrin, el anarquista, el grandioso personaje predilecto de Balzac. En el Barrio Latino, donde el mismo Balzac había comenzado en un pequeño cuartucho, se reúnen también sus héroes, las formas primitivas de la vida social: Desplein, el estudiante de medicina; Rastignac, el arribista; Louis Lambert, el filósofo; Bridau, el pintor; Rubempré, el periodista; un cenáculo de jóvenes no moldeados, caracteres puros y rudimentarios, y, sin embargo, son la vida entera agrupada alrededor de la mesa de la legendaria pensión Vauquer. Mas luego, vertidos en la gran retorta de la vida, cocidos en el fuego de las pasiones y luego enfriados y solidificados en los desengaños, sometidos a las múltiples acciones de la naturaleza social, a fricciones mecánicas, atracciones magnéticas, disoluciones químicas y descomposiciones moleculares, esos hombres se transforman, pierden su verdadero ser. El temible ácido que se llama París disuelve a unos, los corroe, los segrega, los hace desaparecer, y en cambio cristaliza a otros, los endurece y petrifica. Se operan en ellos todos los procesos de cambio, teñido y ajuste, los elementos fusionados se convierten en nuevos conjuntos, y diez años después los que han quedado, los transformados, se saludan con sonrisas jactanciosas de inteligencia en el apogeo de la vida: Desplain, el famoso médico; Rastignac, el ministro; Bridau, el gran pintor, mientras la pesada rueda ha aplastado a Louis Lambert y a Rubempré. No en vano Balzac amaba la química y estudió la obra de Cuvier y de Lavoisier, pues en este múltiple proceso de acciones y reacciones, de afinidades, repulsiones y atracciones, separaciones y concentraciones, disoluciones y cristalizaciones, en la simplificación atómica de lo sintetizado, le parecía más clara que en cualquier otro lugar la imagen de la estructura social. Para Balzac era un axioma el que toda pluralidad influía en la unidad no menos que la unidad en la pluralidad—una idea suya que él llamaba lamarquismo y que más tarde Taine fijó en conceptos—, todo individuo era un producto formado por el clima, el medio, las costumbres, el azar, por todo aquello que lo afecta fatalmente, todo individuo absorbía su identidad de la atmósfera que lo envolvía para a su vez irradiar otra nueva: el axioma de que todo está condicionado por el mundo interior y el exterior. Y dibujar esta impronta de lo orgánico en lo inorgánico y las huellas de lo vivo en lo intelectivo, las acumulaciones de patrimonio espiritual momentáneo en el ser social, los productos de toda una época, era para Balzac la misión suprema del artista. Todo confluye, todas las fuerzas están en suspenso y ninguna es libre. Un relativismo tan ilimitado niega toda continuidad, incluso la del carácter. Balzac siempre deja que sus personajes se formen a tenor de los acontecimientos, que se modelen como arcilla en manos del destino. Incluso los nombres de sus personajes entrañan el cambio y no la uniformidad. En veinte de sus libros encontramos al barón de Rastignac, par de Francia. Creemos conocer ya, por haberlo visto en la calle y en los salones o por haberlo leído en los periódicos, a ese arribista sin escrúpulos, ese prototipo de hombre ambicioso parisino, brutal y despiadado, que se escurre como una anguila por los entresijos de las leyes y personifica magistralmente la moral de una sociedad degenerada. Pero hay un libro en el que vive también un Rastignac aristócrata joven y pobre a quien sus padres mandan a París con muchas esperanzas y poco dinero: un carácter blando, afable, comedido y sentimental. Y el libro narra cómo va a parar a la pensión Vauquer, aquel pandemónium de personajes, una de esas síntesis geniales en que Balzac encierra entre cuatro paredes mal empapeladas toda la variedad de temperamentos y caracteres, y aquí ve la tragedia del desconocido rey Lear, el padre Goriot, ve cómo las princesitas de oropel del *faubourg* Saint-Germain roban codiciosas al anciano padre, ve toda la infamia de la sociedad, desintegrada en una tragedia. Y luego, cuando finalmente va detrás del féretro del que pecó de demasiado bueno, con el único cortejo de un mozo y una criada, cuando en un momento de cólera ve a sus pies desde lo alto del Père Lachaise el París amarillento de suciedad y turbio como una llaga purulenta, entonces conoce toda la sabiduría de la vida. En este momento oye la voz de Vautrin, el presidiario, que resuena en sus oídos, escucha su teoría de que hay que tratar a los hombres como a bestias de carga, arrearlos delante de los carros y luego, una vez llegados a su destino, dejarlos reventar; en este momento se convierte en el barón de Rastignac de los otros libros, en el arribista inexorable y sin escrúpulos, el par de París. Y este singular segundo en la encrucijada de la vida lo experimentan todos los héroes de Balzac. Todos se convierten en soldados en la guerra de todos contra todos, se lanzan hacia delante, y el camino de unos pasa por encima de los cadáveres de los otros. Balzac enseña que todos tienen su Rubicón, su Waterloo, que se libran las mismas batallas en palacios, cabañas y tabernas, y que bajo ropas andrajosas los mismos impulsos mueven a sacerdotes, médicos, soldados y abogados; esto lo sabe su Vautrin, el anarquista, que representa el papel de todos y aparece en los libros de Balzac con diez disfraces y, sin embargo, siendo siempre el mismo y con la conciencia de serlo. Bajo la superficie nivelada de la vida moderna siguen minándola las luchas subterráneas, pues la ambición interior contrarresta la uniformidad exterior. Puesto que no hay lugar reservado a nadie, como antes al rey, a la nobleza o a los sacerdotes, y todo el mundo tiene derecho a todo, hasta tales extremos se decuplican los esfuerzos. La reducción de las posibilidades se manifiesta en la vida como multiplicación de las energías.

Precisamente esta lucha asesina y suicida de las energías es lo que estimula a Balzac. Pone toda su pasión en describir la energía dirigida hacia un fin como expresión de la voluntad consciente de vivir, no en sus efectos, sino en sí misma. Le es indiferente que sea buena o mala, resulte eficaz o se derroche, con tal que sea intensa. La intensidad, la voluntad, lo es todo, porque dependen del hombre; el éxito y la fama no son nada, pues es el azar quien los decide. El ladronzuelo que, miedoso, hace desaparecer en la manga un pan del mostrador de la panadería es aburrido; el gran ladrón, el profesional que roba no sólo por provecho, sino también por pasión y cuya vida entera cobra sentido en el concepto de apropiación, éste es grandioso. Medir los efectos, los hechos, es tarea del historiador; poner al descubierto las causas, las intensidades, es para Balzac misión del escritor. Porque sólo es trágica la fuerza que no alcanza la meta. Balzac describe a los *héros oubliés*; para él en cada época no existe un solo Napoleón, no existe el de los historiadores solamente, el que conquistó el mundo entre 1796 y 1815, sino que conoce a cuatro o cinco más. El primero cayó quizás en Marengo y se llamaba Desaix; el segundo quizá fue enviado a Egipto por el Napoleón real, lejos de los grandes acontecimientos; el tercero sufrió quizá la tragedia más terrible: era Napoleón y nunca pisó un campo de batalla, se vio obligado a recluirse en un rincón de provincias en vez de convertirse en torrente, pero tuvo que gastar no menos energías, aunque fuera en cosas pequeñas. Y cita a mujeres que por su pasión y su belleza hubieran llegado a ser famosas entre las reinas soles y cuyos nombres hubieran sonado como los de la Pompadour o Diana de Poitiers; habla de escritores que fracasan por la adversidad de un momento, por delante de cuyos nombres la fama pasa de largo y a los que otro escritor deberá reconocérsela. Sabe que cada segundo de vida derrocha inútilmente una cantidad enorme de energía. Sabe que la provinciana sentimental Eugénie Grandet, en el momento que, temblando ante el tacaño padre, entrega a su primo la bolsa de dinero, no es menos valiente que Juana de Arco, cuyas estatuas de mármol lucen en todas las plazas mayores de Francia. Los éxitos no pueden ofuscar ni engañar al biógrafo de innumerables carreras que ha descompuesto químicamente todos los afeites y pociones del impulso por ascender en la escala social. El ojo insobornable de Balzac, que únicamente acecha a las energías, sólo ve en el torbellino de los hechos el esfuerzo por vivir; del tumulto del Beresina, donde el ejército derrotado de Napoleón se precipita al río por el puente, donde la desesperación, la bajeza y el heroísmo de escenas descritas cien veces se comprimen en un segundo, entresaca a los grandes y verdaderos héroes: los cuarenta zapadores cuyos nombres nadie conoce y que pasaron tres días hundidos hasta el pecho en el agua helada, llena de témpanos, para construir el vacilante puente por el que se puso a salvo la mitad del ejército. Sabe que tras los velados cristales de París cada segundo ocurren tragedias no menos considerables que la muerte de Julia, el fin de Wallenstein o la desesperación de Lear, y una y otra vez repite con orgullo: «Mis novelas burguesas son más trágicas que vuestros dramas trágicos.» Pues su romanticismo mira hacia el interior. Su Vautrin, que viste de burgués, no es menos grandioso que el campanero de Notre Dame con sus cascabeles, el Quasimodo de Victor Hugo;

los rígidos paisajes rocosos del alma, la maraña de pasiones y ambiciones en el corazón de sus grandes arribistas, no son menos espantosos que la horrible gruta de Han de Islandia. Balzac busca lo grandioso no en el cortinaje, ni en la perspectiva histórica o exótica, sino en lo super-dimensional, en la acrecentada intensidad de un sentimiento único en su unicidad. Sabe que todo sentimiento carece de importancia si no permanece inquebrantable en su fuerza, que ningún hombre es grande sino cuando se concentra en una meta, cuando no se desperdicia ni disipa en apetitos aislados, cuando su pasión absorbe la savia destinada a todos los demás sentimientos, cuando se hace fuerte con la rapiña y la crueldad, como una rama que florece con doble pujanza cuando el jardinero corta o estrangula las ramas gemelas.

Ha descrito a esos monomaníacos de la pasión que conciben el mundo en un único símbolo, fijándose un sentido en el enmarañado corro. Una especie de mecánica de las pasiones es el axioma fundamental de su energética: la creencia de que toda vida consume la misma cantidad de fuerza, independientemente de las ilusiones en que se derrochan los afanes, tanto si los dispersa lentamente en mil estímulos como si los reserva parcamente para repentinos y arrebatados éxtasis, tanto si el fuego de la vida se consume en lenta combustión como en una explosión. Quien vive más deprisa no vive menos tiempo; la vida uniforme no es menos variada. Para una obra que sólo pretende describir tipos, analizar elementos puros, únicamente son importantes esos monomaníacos. Los hombres flojos no interesan a Balzac, sólo aquellos que son completamente algo, que se aferran a una ilusión de la vida con todos los nervios, todos los músculos y todos los pensamientos; sea la que sea: el amor, el arte, la codicia, la entrega, la intrepidez, la pereza, la política o la amistad. A cualquier símbolo que les venga en gusto, pero totalmente. Estos *hommes à passion*, estos fanáticos de una religión creada por ellos mismos, no miran a derecha ni a izquierda. Hablan diferentes lenguas entre sí y no se entienden. Ofreced una mujer, la más hermosa del mundo, al coleccionista: no reparará en ella; al amante una carrera: la menospreciará; al avaro algo que no sea dinero: no levantará los ojos de su cofre. Pero si se dejan tentar, si abandonan una pasión predilecta por otra, están perdidos. Pues los músculos que no se utilizan se atrofian, los anhelos que durante años no se enardecen se anquilosan y quien durante su vida fue un virtuoso de una sola pasión, atleta de un solo sentimiento, es chapucero y flojo en cualquier otro campo. Todo sentimiento instigado a convertirse en monomanía somete a los demás, les roba el agua y los deja marchitarse: pero absorbe todas sus cualidades excitantes. Todos los matices y peripecias del amor, celos y aflicción, tedio y éxtasis, se reflejan para el avaro en la pasión por el ahorro, para el coleccionista en la fiebre de coleccionar, pues la perfección absoluta une la suma de todas las posibilidades del sentimiento. La intensidad de una pasión exclusiva abarca en sus emociones toda la variedad de afanes desatendidos. Aquí comienzan las grandes tragedias de Balzac. El ávido de riquezas Nucingen, que ha amasado millones, superior en astucia a todos los banqueros del Imperio, se convierte en un niño necio en manos de una prostituta; el poeta que se pasa al periodismo acaba reducido a polvo como un grano bajo la piedra de molino. Una quimera del mundo, un símbolo cualquiera, es celoso como Jehová y no tolera ninguna otra pasión a su lado. Y ninguna de estas pasiones es mayor o menor, hay entre ellas tan pocas jerarquías como entre los paisajes o los sueños. Ninguna es demasiado pequeña. «¿Por qué no escribir la tragedia de la estupidez?», se pregunta Balzac. «¿Y la de la vergüenza, la de la pusilanimidad, la del hastío?» También ellas son fuerzas motrices, impelentes, también ellas son importantes en tanto que sean lo bastante intensas, incluso la más pobre línea de la vida tiene impulso y pujante belleza, con tal que prosiga recta y sin romperse o recorra completamente su destino. Y arrancar del pecho del hombre estas fuerzas primitivas—o mejor dicho, estas mil formas proteicas de la verdadera fuerza primitiva—, calentarlas por la presión de la atmósfera, fustigarlas a través de los sentimientos, embriagarlas con los elixires del amor y del odio, dejarlas delirar en el éxtasis, estrellar algunas contra el guardacantón del azar, estrujarlas y separarlas a la fuerza, establecer vínculos, tender puentes entre los sueños, entre el avaro y el coleccionista, el ambicioso y el sensual, desplazar sin descanso el paralelogramo de las fuerzas, abrir en cada destino el amenazador abismo entre las crestas de las olas y sus valles, lanzarlas de abajo arriba y de arriba abajo, y, durante este flameante juego, mirar con ojos encendidos, como Gobsec, el usurero, contemplaba los diamantes de la condesa Restaud, reavivar una y otra vez con el fuelle el fuego que se extingue, azuzar a los hombres como a esclavos, no dejarlos descansar jamás, arrastrarlos como Napoleón a sus soldados por todos los países, desde Austria de nuevo a la Vendée, por mar de nuevo a Egipto y Roma, por la puerta de Brandenburgo y de nuevo ante la falda de la Alhambra, y finalmente hasta Moscú entre victorias y derrotas—dejando a la mitad por el camino, aniquilada por las granadas o por la nieve de las estepas—, primero entallar el mundo entero en figuras, pintarlo como un paisaje y luego dominar los títeres con dedos excitados: he aquí la monomanía de Balzac.

Pues el propio Balzac fue uno de los grandes monomaníacos, como los que inmortalizó en su obra. Desengañado, rechazado en todos sus sueños por un mundo despiadado al que no gustaban los principiantes ni los pobres, se refugió en su silencio y se creó para sí mismo un símbolo del mundo. Un mundo que era suyo, que él gobernaba y que sucumbía con él. La realidad pasaba de largo ante sus ojos y él no intentaba asirla. Vivía encerrado en su habitación, clavado a su escritorio, vivía en el bosque de sus personajes, como Elie Magus, el coleccionista, entre sus cuadros. Desde los veinticinco años, la realidad—con algunas excepciones, que siempre se convirtieron en tragedias—apenas le interesó si no se podía convertir en material, en combustible para impulsar la rueda de su propio mundo. Casi conscientemente vivió pasando de largo la vida, como impelido por el aprensivo presentimiento de que un contacto entre esos dos mundos, el suyo y el de los demás, siempre había de ser doloroso. Se acostaba a las ocho de la noche fatigado, dormía cuatro horas y se hacía despertar a medianoche; cuando París, el mundo ruidoso que lo rodeaba, cerraba sus ojos ardientes, cuando la oscuridad caía sobre el susurro de las calles y el mundo desaparecía, el suyo empezaba a resurgir; él lo reconstruía, junto al otro, a partir de sus propios elementos despedazados y vivía durante horas de éxtasis febril, excitando sin cesar los sentidos flaqueantes con café. Y así trabajaba durante diez o doce horas, a veces incluso dieciocho, hasta que algo lo arrancaba de este mundo para devolverlo a la realidad. En estos segundos de despertar debía de tener la mirada que Rodin dio a su estatua, esa mirada de sobresalto de quien regresa de mil cielos y de repente se ve arrojado en una realidad olvidada, esa mirada terriblemente grandiosa, casi un grito, esa mano crispada sobre la ropa alrededor del hombro que se estremece de frío, el gesto de alguien que ha sido despertado con brusquedad, de un sonámbulo al que gritan brutalmente su nombre. En ningún escritor ha sido más fuerte la intensidad de ese perderse en su obra, la fe en los propios sueños, ni la alucinación ha rayado tanto en el engaño de sí mismo. No siempre supo detener la emoción como una máquina, parar de golpe la inmensa rueda en su movimiento de rotación, distinguir entre reflejo y realidad, trazar una línea clara entre este mundo y el otro. Se ha llenado todo un libro con anécdotas que nos cuentan cómo, en el delirio de la creación, llegaba a creer en la existencia de sus personajes: un libro con anécdotas a menudo cómicas, pero la mayoría de las veces un tanto terribles. Un amigo entra en su habitación. Balzac le sale al encuentro estremecido: «¡Imagínate, la infeliz se ha suicidado!» Y sólo al ver que su amigo retrocede asustado se da cuenta de que el personaje de que habla, el de Eugénie Grandet, sólo vive en su firmamento. Y lo que distingue esta alucinación tan persistente, intensa y completa de la ilusión patológica del loco quizás es sólo la identidad de las leyes que rigen la vida exterior y esta nueva realidad, las mismas relaciones causales del ser, no tanto la forma de vida como la posibilidad de vida de sus personajes, los cuales entraban desde fuera en la obra del escritor como si simplemente tuvieran que cruzar el umbral de su estudio. Pero, en cuanto a durabilidad, resistencia y aislamiento de un delirio, esta inmersión era la de un perfecto monomaníaco, su trabajo ya no era laboriosidad, sino fiebre, embriaguez, sueño y éxtasis. Era un paliativo del hechizo, un narcótico que debía de hacerle olvidar su avidez de vida. Él mismo, capaz como nadie de gozar, de derrochar, confiesa que este trabajo febril no era para él sino un estimulante. Pues un hombre tan desenfrenadamente concupiscente, como los monomaníacos de sus novelas, podía renunciar a cualquier otra pasión sólo compensándola. Podía privarse de todos los acicates del gozo de vivir, del amor, el respeto, el juego, la riqueza, los viajes, la fama y la victoria, porque encontraba en la creación literaria un sucedáneo siete veces más válido. Los sentidos son necios como niños. No saben distinguir lo auténtico de lo falso, el engaño de la verdad. Sólo quieren ser alimentados, sea con vivencias o con sueños. Y Balzac engañó a sus sentidos durante toda la vida, simulándoles goces en vez de echárselos en el plato, saciaba su hambre con el aroma de los platos que tenía que negarles. Su vivencia era compartir con pasión los goces de sus criaturas. Pues era él quien arrojaba diez luises en la mesa de juego y esperaba temblando mientras la ruleta daba vueltas, quien recogía con dedos ardientes el caudal tintineante de las ganancias; era él quien conseguía el gran triunfo en el teatro, quien asaltaba las cimas al frente de sus brigadas y hacía temblar los cimientos de la Bolsa con cartuchos de dinamita; todos los placeres de sus criaturas eran suyos, eran los éxtasis en que se consumía su vida externamente tan pobre. Jugaba con sus personajes como Gobsec, el usurero, con sus víctimas, que acudían a él desesperadas para pedirle dinero prestado, a las que él hacía bailar colgadas de la punta de la caña, cuyo dolor, placer y tormento él se limitaba a observar y examinar como la actuación más o menos talentosa de los actores. Y el corazón de Balzac hablaba bajo la mugrienta blusa de Gobsec: «¿Creen ustedes que no es nada penetrar en los pliegues más recónditos del corazón humano, penetrar hasta el fondo de él y tenerlo desnudo en la mano?» Pues él, el brujo de la voluntad, transformaba lo ajeno en propio, el sueño en vida. Se cuenta de él que cuando de joven comía pan seco, su miserable colación, en su buhardilla, dibujaba con yeso sobre la mesa el contorno de platos y dentro de ellos escribía el nombre de los manjares preferidos y más exquisitos para así encontrar en el pan, por pura sugestión, el sabor de las viandas más suculentas. Y así como en este caso creía saborear el gusto como si fuera real, seguramente se embebió sin freno de todos los encantos de la vida en los elixires de sus libros y así engañó la propia pobreza con la riqueza y el derroche de sus esclavos. Él, acosado eternamente por deudas, atormentado por los acreedores, debió de experimentar una emoción incluso sensual al asignar a uno de sus personajes «cien mil francos de renta». Era él quien revolvía los cuadros de Elie Magus, quien amaba a las dos condesas como su padre Goriot, quien subía con Seraphitus a las cimas de los fiordos de Noruega nunca vistos, quien recibía con Rubempré las miradas de admiración de las mujeres, y era para él mismo que hacía brotar el placer como lava de todos estos personajes, para los que él destilaba placer y dolor de las hierbas claras y oscuras de la tierra. Ningún escritor compartió nunca más que él los goces de sus criaturas. Precisamente en los pasajes en que describe el hechizo de la riqueza tan anhelada es donde se nota, más que en las aventuras eróticas, la embriaguez del que se hechiza a sí mismo, los sueños de hachís del solitario. Ésta es su pasión más secreta: ese flujo y reflujo de cifras, esa codiciosa ganancia y derroche de sumas, ese pasar de capitales de mano en mano, esos balances hinchados, esas tempestuosas depreciaciones de los valores, esas caídas y subidas sin límites. Hace que sumas millonarias caigan sobre mendigos como súbitas tormentas, que capitales enteros se fundan como mercurio entre manos débiles, con fruición pinta los palacios de los *faubourgs*, la magia del dinero. Las palabras «millones» y «miles de millones» salen siempre de su boca con el balbuceo impotente del que se ha quedado sin habla, con el resuello del último goce sensual. La suntuosidad de los salones es voluptuosa como las mujeres de un serrallo, las insignias del poder se exponen como valiosas joyas de la corona. Incluso en sus manuscritos arde esta fiebre. Se ve cómo las líneas, al principio tranquilas y elegantes, se hinchan como las venas de un hombre encolerizado, cómo se tambalean, se precipitan cada vez más rápidas, se acosan enfurecidas, salpicadas del café con que estimulaba sus nervios fatigados, casi se oyen los jadeos de la máquina recalentada, las fanáticas y maníacas convulsiones espasmódicas de su creación, esa avidez de Don Juan *du verbe*, del hombre que quiere poseer y retenerlo todo. Y se ve el repetido arrebato impetuoso del eterno insatisfecho en las galeradas, cuya rígida textura rasgaba una y otra vez como el enfermo en su delirio sus vendajes, para perseguir sin cesar la sangre roja palpitante a través del cuerpo ya rígido y frío.

Esta angustia titánica sería incomprensible si no hubiera sido voluptuosidad, y más aún: si no hubiera sido el único deseo de vivir de un hombre que se abstiene ascéticamente de todas las demás formas de poder, un hombre apasionado para el que el arte era la única posibilidad de realizarse. Una o dos veces había fantaseado refugiándose fugazmente en otro material. Se había probado en la vida práctica; cuando, desesperado de crear, quiso por primera vez poseer el poder real del dinero, se puso a especular, montó una imprenta y fundó un periódico; pero con la ironía que el Destino siempre reserva a los desertores, Balzac, que lo conocía todo en sus libros, las jugadas de los bolsistas, los lujos de los pequeños y los grandes negocios, las tramoyas de los usureros, él, que sabía el valor de todas las cosas, que había dado la existencia a cientos de personas en sus obras, les había conseguido fortunas por medios acertados y lógicos, él mismo, que había hecho ricos a Grandet, Popinot, Crevel, Goriot, Bridau, Nucingen, Wehrbrust y Gobsec, él mismo perdió su capital, se hundió poco a poco y no le quedó más que el terrible lastre de las deudas que arrastró gimiendo en sus anchos hombros de ganapán durante medio siglo de su vida, ilota del trabajo más inaudito, bajo el peso del cual un día sucumbió en silencio y con las venas reventadas. Los celos de la pasión abandonada, la única a la que se había entregado, el arte, se vengó de él terriblemente. Incluso el amor, para los demás un sueño maravilloso por encima de lo vivido y real, fue para él sólo la experiencia de un sueño. Amó apasionadamente a la señora Hanska, su ulterior esposa, la *étrangère* a la que iban dirigidas aquellas famosas cartas, antes ya de haberse mirado en sus ojos, cuando ella era todavía una irrealidad, como la *fille aux yeux d'or*, como Delphine y Eugénie Grandet. Para el verdadero escritor cualquier otra pasión que no sea crear, soñar, es un extravío. «L'homme de lettres doit s'abstenir des femmes, elles font perdre son temps, on doit se borner à leur écrire, cela forme le style», decía a Théophile Gautier. En el fondo de su corazón no amaba a la señora Hanska, sino su amor por ella; no amaba las situaciones que se presentaban, sino la que él se procuraba; tanto alimentó con ilusiones su hambre de realidad, tanto jugó con cuadros y vestidos, que al final, como el actor en los momentos más emocionantes, acabó creyendo en su propia pasión. Se abandonó incansable a la pasión de crear, aceleró el proceso de combustión interior hasta que se levantaron las llamas y saltaron hacia fuera; hasta que sucumbió. Con cada nuevo libro, con cada deseo así realizado, su vida se encogía, como la piel mágica del alce de sus novelas místicas, y sucumbió a su monomanía como el jugador a las cartas, el bebedor al vino, el fumador de hachís a la pipa fatal y el lujurioso a las mujeres. Sucumbió por la excesiva satisfacción de sus deseos.

Es lógico y natural que una voluntad tan colosal, que

infundía sangre y vida a los sueños, los expandía hasta que sus emociones no eran menos fuertes que los fenómenos de la realidad, que una voluntad de una fuerza mágica tan increíble viera en su propia magia el secreto de la vida y se erigiese a sí misma en ley universal. No podía tener una verdadera filosofía quien nada revelaba de sí mismo, quien no era quizá sino un hombre mutable, que no tenía forma, como Proteo, porque las personificaba todas, que, como un derviche, un espíritu fugaz, se amparaba en miles de formas y se perdía en el laberinto de sus vidas, ora adoptando la del optimista, ora la del altruista, ora la del pesimista y relativista, que conectaba y desconectaba en él todas las opiniones y valores como corrientes eléctricas. A nadie da la razón, a nadie se la quita. Balzac siempre se limitó a *épouser les opinions des autres*—en alemán no tenemos una palabra para esta adopción espontánea de una opinión sin identificarse permanentemente con ella—; quedaba atrapado en el momento, en el pecho de sus personajes, y se veía arrastrado con ellos por el oleaje de sus pasiones y vicios. No debía de haber para él nada más verdadero e inmutable que esta voluntad tremenda, esta palabra mágica, el sésamo que hacía saltar ante él, el extraño, las rocas que ocultaban el pecho humano desconocido, lo conducían hasta los abismos más tenebrosos de sus sentimientos y, desde allí, cargado con el diamante de sus experiencias, lo devolvía a la superficie. Más que cualquier otro debía estar dispuesto a asignar a la voluntad una fuerza que trascendiera lo espiritual para actuar en lo material, concebirla como principio vital e imperativo universal. Sabía que la voluntad, este fluido que, irradiando de un

Napoleón, hacía temblar el mundo, derribaba imperios, elevaba príncipes, perturbaba el destino de millones de seres, que esta vibración inmaterial, esta pura presión atmosférica de un espíritu, forzosamente tenía que manifestarse hacia fuera en lo material, modelar la fisonomía e inundar la parte física del cuerpo entero. Pues así como una emoción momentánea de cualquier persona cambia la expresión de la cara, embellece y caracteriza los rasgos brutales e incluso estúpidos, cuanto más una voluntad persistente, una pasión crónica debió de cincelar el material de los rasgos humanos. Un rostro era para Balzac una voluntad de vivir petrificada, una característica fundida en bronce, y así como el arqueólogo ha de descubrir toda una cultura a partir de los restos de piedras, le parecía un requisito del escritor descubrir la cultura interior de un hombre a partir de su rostro y de la atmósfera que lo rodeaba. Esta fisiognomía le llevó a abrazar la teoría de Gall, su topografía de las facultades situadas en el cerebro, a estudiar a Lavater, quien asimismo no veía en el rostro más que la voluntad de vivir convertida en carne y hueso, el carácter vuelto hacia fuera. Le venía a propósito todo lo que hacía hincapié en esta magia, la misteriosa interacción de dentro y de fuera. Creía en la teoría de Mesmer sobre la transmisión magnética de la voluntad de un médium a otro, creía que los dedos eran redes de fuego que irradiaban la voluntad, encadenó esta idea con las regeneraciones místicas de Swedenborg y todas estas aficiones, no del todo condensadas en una teoría, las recogió en la doctrina de su autor predilecto, Louis Lambert, el *Chimiste de la volonté*, aquella curiosa imagen del muerto antes de tiempo que reúne extrañamente el autorretrato y el anhelo de una perfección interior, la figura que más a menudo que cualquier otra de Balzac prende en su propia vida. Todo rostro se convertía para él en una charada que había que descifrar. Afirmaba descubrir en cada faz una fisonomía animal, creía poder indicar a los señalados por la muerte gracias a signos misteriosos, se jactaba de poder adivinar la profesión de cualquier transeúnte por su rostro, sus movimientos y sus ropas. Pero no consideraba este conocimiento intuitivo como la magia suprema de la mirada, pues todo ello sólo abrazaba lo existente, lo presente. Y su anhelo más profundo era ser como los que, concentrando sus fuerzas, pueden no sólo rastrear lo momentáneo, sino también encontrar el pasado por sus huellas y el futuro por sus raíces puestas al descubierto, ser hermano de los quirománticos, los adivinos, de los que sacan horóscopos, de los *voyants*, de todos aquellos que están dotados de la mirada profunda de la *seconde vue*, de los que se ofrecen para descubrir lo más interior en lo exterior, lo ilimitado en las líneas definidas, que son capaces, a partir de las finas rayas de la palma de la mano, de trazar el corto camino de la vida ya recorrido y la oscura senda que lleva al futuro. Una tal mirada mágica sólo es dada, según Balzac, a aquel que no ha dispersado su inteligencia en mil frentes, sino que—la idea de la concentración se repite constantemente en Balzac—la ha economizado y consagrado a un solo objetivo. El don de la *seconde vue* no es exclusivo del mago y el visionario; una *seconde vue*, este conocimiento visionario espontáneo, sello innegable del genio, la tienen las madres respecto a sus hijos, la tiene Desplein, el médico, que a partir de los confusos sufrimientos del enfermo enseguida determina la causa de su mal y el límite probable de su tiempo de vida; la tiene el genial Napoleón, que enseguida reconoce los lugares donde debe lanzar a sus brigadas para decidir la suerte de un combate; la tiene Marsay, el seductor, que aprovecha el fugitivo segundo en que puede hacer caer a una mujer; Nucingen, el jugador de Bolsa, que asesta el gran golpe en el momento preciso; todos estos astrólogos del cielo del alma poseen su ciencia gracias a la mirada introspectiva que, como a través de un anteojo de larga vista, ve horizontes donde a simple vista sólo se distingue un caos gris. Aquí reside la afinidad entre la visión del poeta y la deducción del sabio, entre la comprensión rápida y espontánea y el saber lento y lógico. Balzac, para quien su propia visión intuitiva debía de ser incomprensible y que a menudo debía de pasar su mirada aterrada y casi desorientada por encima de su obra como sobre algo inexplicable, forzosamente tuvo que abrazar una filosofía de lo inconmensurable, una mística que ya no bastaba al catolicismo corriente de un De Maistre. Y esta semilla de la magia, añadida a su ser más íntimo, este misterio que hace de su arte no sólo química de la vida, sino también alquimia, es su valor límite frente a los que lo seguirán, frente a los imitadores, especialmente frente a Zola, que reuniría piedra sobre piedra allí donde Balzac sólo tenía que hacer girar su anillo mágico para levantar un palacio con mil ventanas. Por inmensa que sea la energía de su obra, la primera impresión que produce es siempre de magia y no de trabajo, no de tomar prestado de la vida, sino de regalar y enriquecer.

Pues Balzac—y ésta es la nube de misterio impenetrable que flota alrededor de su figura—dejó de estudiar y experimentar en sus años de creación, dejó de observar la vida, como por ejemplo Zola, quien, antes de escribir una novela, preparaba un *bordereau* para cada personaje, o como Flaubert, que revolvía bibliotecas para escribir un libro del grosor de un dedo. Balzac regresaba rara vez al mundo situado fuera del suyo, permanecía encerrado en su alucinación como en una cárcel, clavado al potro de tortura del trabajo, y lo que traía consigo cuando emprendía una de sus fugaces excursiones a la realidad, cuando iba a pelearse con su editor o a entregar las galeradas a la imprenta, o a comer en casa de un amigo, o a hurgar en las tiendas de *bric-à-brac* de París, era más bien confirmación que información. Pues cuando empezó a escribir, por algún camino misterioso estaba imbuido ya del saber de toda la vida, reunido y almacenado en su interior, y, junto con la figura casi mítica de Shakespeare, el mayor enigma de la literatura universal es quizá saber cómo, cuándo y de dónde consiguió este enorme acopio de conocimientos acerca de todas las profesiones, materias, temperamentos y fenómenos. Durante tres o cuatro años de adolescencia trabajó de escribiente de un abogado, luego fue editor y estudiante universitario, pero en este tiempo tuvo que haberlo asimilado todo, esta plétora inexplicable e infinita de hechos, el conocimiento de todos los caracteres y fenómenos. Tuvo que ser un observador increíble durante estos años. Su mirada tuvo que embeberse de cuanto veía con suma avidez, como un vampiro, y almacenarlo en un interior, una memoria, en que nada amarilleaba ni se perdía, nada se mezclaba ni se corrompía, en que todo estaba ordenado, conservado, apilado, siempre a mano y vuelto del lado esencial, todo armado con resortes y saltando tan pronto como él lo tocaba suavemente con su voluntad y su deseo. Todo lo sabía Balzac: los procesos, las batallas, las maniobras bursátiles, las especulaciones de terrenos, los secretos de la química, los manejos de los perfumistas, las artimañas de los artistas, las discusiones de los teólogos, el funcionamiento de un periódico, la ilusión del teatro y la de este otro escenario, la política. Conoció la provincia, París y el mundo, él, el *connaisseur en flânerie*, leía como en un libro en los arrugados trazos de las calles, sabía de cada casa cuándo fue construida, por quién y para quién, descifraba la heráldica del escudo sobre la puerta, reconocía toda una época a partir del tipo de construcción y sabía al mismo tiempo el precio de los alquileres, poblaba de gente cada planta, colocaba muebles en las habitaciones, las llenaba de una atmósfera de felicidad o de infortunio y dejaba que el Destino tejiese su invisible red desde el primero al segundo piso, del segundo al tercero. Tenía unos conocimientos enciclopédicos, sabía cuánto valía un cuadro de Palma Vecchio, cuánto costaba una hectárea de tierra de pastos, una malla de encaje, un tílburi o un criado, conocía la vida de la gente elegante que, vegetando entre deudas, despilfarraba veinte mil francos al año; y dos páginas más adelante aparece de nuevo la existencia del miserable rentista, en cuya vida, llevada adelante con dificultad, un paraguas desgarrado, un cristal de ventana roto, se convierte en una catástrofe. Unas cuantas páginas más y el novelista se encuentra entre los pobres de solemnidad, los sigue, ve cómo se ganan sus cuatro *sous*, ve al pobre Auvergnate, el aguador, cuyo mayor deseo es no tener que arrastrar el barril, sino poseer un caballo, pequeño; ve al estudiante y a la costurera, todas esas existencias casi vegetales de la gran ciudad. Se abren miles de paisajes, todos dispuestos a colocarse detrás de los destinos descritos por el novelista, a formarlos, y todos aparecen más claros para él, tras un instante de contemplación, que para otros después de años de haber vivido en ellos. Lo sabía todo, también—curiosa paradoja del artista—lo que tocaba una vez con fugaz mirada, sabía incluso lo que no conocía, hacía nacer de sus sueños los fiordos de Noruega y los muros de Zaragoza, y eran como en la realidad. Es increíble esta rapidez de visión. Era como si pudiese percibir clara y nítidamente lo que otros divisaban empañado y bajo mil ropajes. En todo veía una señal, una llave para descifrarlo todo, de modo que podía despojar las cosas de su superficie exterior y hacer que le mostraran su interior. Las fisonomías se le revelaban y todo caía bajo el dominio de sus sentidos como la semilla cae de una fruta. De un solo golpe arrancaba lo esencial de los pliegues de lo accesorio, pero no excavando, no revolviendo lentamente capa tras capa, sino haciendo saltar con pólvora las minas de oro de la vida. Y al mismo tiempo que estas formas reales, apresaba lo inapresable, la atmósfera de felicidad y de infortunio que se cierne sobre ellas como el gas, las conmociones que flotan entre el cielo y la tierra, las explosiones cercanas, los repentinos cambios de temperatura y de presión. Lo que para otros es sólo contorno, lo que ven frío y quieto como bajo una vitrina de cristal, su sensibilidad mágica lo sentía como el barómetro el estado de la atmósfera.

Este saber inmenso, incomparablemente intuitivo, es el genio de Balzac. Ahora bien, lo que llamamos el artista, el dispensador de fuerzas, el organizador y moldeador, el que une y desata, éste no se nota tan claramente en Balzac. Uno está tentado de decir que no era en absoluto lo que llamamos artista, tal genio era. «Une telle force n'a pas besoin d'art.» Lo mismo se puede decir de él, porque, en efecto, posee una fuerza tan grande y grandiosa, que se resiste a ser domada como los animales más indómitos de la selva virgen, es bella como la maleza, un torrente, una tempestad, como todas las cosas cuyo valor estético consiste únicamente en la intensidad de su expresión. Su belleza no necesita la simetría, la decoración, el cuidadoso arreglo posterior, sino que impresiona por la variedad incontenible de sus fuerzas. Balzac propiamente no compuso sus novelas, se perdía en ellas como en una pasión, se revolvía en las descripciones, en la palabra, como en telas o en la carne desnuda y exuberante. Recluta a sus personajes, los saca de todos los estamentos y familias, de todas las provincias de Francia; como Napoleón a sus soldados, los divide en brigadas, a uno lo hace caballero, al otro lo destina a artillería, al tercero a impedimenta; llena de pólvora sus fusiles y luego los confía a su indómita fuerza interior. A pesar de su bello—¡pero posterior!—prólogo, *La comedia humana* carece de un plan interno. No tiene plan, como no lo tenía para Balzac la vida misma, no aspira a una moral ni a un compendio; sólo pretende mostrar como mudable lo eternamente mudable; en todo este lujo y reflujo no hay una fuerza permanente, sino sólo un empuje momentáneo, como la misteriosa atracción de la luna, esa atmósfera inmaterial, como tejida de nubes y luz, que llamamos época. La única ley de este cosmos es que todas las cosas que actúan simultáneamente una sobre otra también se cambian a sí mismas, que nada actúa libre como un dios que sólo impulsa desde fuera, sino que todos los hombres que con su unión inestable configuran la época también son creados por la época y que su moral y sus sentimientos son productos como ellos mismos; y que todo es relativo: lo que en París se llama virtud más allá de las Azores es un vicio; que no hay valores fijos para nada y los hombres apasionados deben valorar el mundo como Balzac a la mujer: vale lo que a él le cuesta. La misión del escritor—al que como producto y criatura de su época se le niega poder conseguir lo permanente en lo mudable—sólo puede ser una: describir la presión atmosférica de su época, la situación espiritual, el cambio de las fuerzas comunes que animan a millones de moléculas, las acoplan y las dispersan de nuevo. Meteorólogo de las corrientes de aire sociales, matemático de la voluntad, químico de las pasiones, geólogo de las formas nacionales primitivas, sabio enciclopédico que penetra y ausculta con todos los instrumentos el cuerpo de su época, y a la vez coleccionista de todos los hechos, un pintor de sus paisajes, un soldado de sus ideas: ser todo esto fue la ambición de Balzac, y por esta razón el novelista registraba tan incansablemente tanto las cosas grandiosas como las infinitesimales. Y por eso su obra es, en inmortales palabras de Taine, el mayor archivo de documentos humanos desde Shakespeare. Cierto que para sus contemporáneos y para muchos lectores de hoy Balzac es sólo el autor de novelas. Visto así, a través del cristal estético, no parece de tamaña talla, pues en realidad tiene pocas *standard works*. Pero a Balzac no se le puede medir por una obra aislada, sino por el conjunto; hay que contemplarlo como se contempla un paisaje, con sus montañas y valles, con su lejanía infinita, sus traicioneros precipicios y sus rápidas corrientes. Con él empieza —y casi se podría decir que termina, si no hubiera aparecido Dostoievski—el concepto de novela como enciclopedia del mundo interior. Los escritores anteriores a él sólo conocían dos procedimientos para propulsar el motor amodorrado de la acción: o introducían el factor acaso, que actuaba desde fuera, se colocaba en las velas e impulsaba el barco, o escogían de entre las fuerzas motrices interiores sólo el instinto erótico, las peripecias del amor. Balzac procedió a transponer lo erótico. Para él había dos clases de codiciosos (y ya hemos dicho que sólo le interesaban los codiciosos, los ambiciosos): y una de ellas la constituyen los eróticos propiamente dichos, es decir, algunos hombres y casi todas las mujeres, cuya única estrella es el amor, bajo el signo de la cual nacen y mueren. Pero todas estas fuerzas desencadenadas en el erotismo no son las únicas, las peripecias de la pasión tampoco disminuyen un ápice en otras personas y, sin que la fuerza motriz primitiva se atomice ni se disperse, se mantiene en otras formas, en otros símbolos. El conocimiento de estos factores confiere a las novelas de Balzac una variedad enorme.

Pero Balzac bebió la realidad también de otra fuente: él llevó el dinero a la novela. Él, que no reconocía valores absolutos, como secretario de sus contemporáneos, como estadístico de lo relativo, observaba minuciosamente los valores externos de las cosas, los valores morales, políticos y estéticos, y sobre todo ese valor universal de los objetos que hoy en día en todo se acerca casi a lo absoluto: el dinero. Desde que cayeron los privilegios de los aristócratas, desde que las diferencias se nivelaron, el dinero se ha convertido en sangre, en la fuerza motriz de la vida social. Las cosas se aprecian por su valor, las pasiones por su sacrificio material, las personas por sus ingresos. Los números son el barómetro de ciertos estados atmosféricos de conciencia que Balzac se puso como misión investigar. Y el dinero circula en sus novelas. No sólo describe cómo se amasan y caen las grandes fortunas, las feroces especulaciones de la Bolsa, no sólo las grandes batallas en que se gastan tantas energías, como en Leipzig o Waterloo, no sólo los veinte tipos de acaparadores de dinero por codicia, odio, prodigalidad o ambición, no sólo las personas que aman el dinero por el dinero, y aquellas que lo aman como símbolo o para las que sólo es un medio para sus fines, sino que Balzac fue el primero y el más osado en mostrar con mil ejemplos cómo el dinero se ha infiltrado hasta en los sentimientos más nobles, delicados y espirituales. Todos sus personajes calculan, como nosotros, instintivamente en la vida. Sus principiantes, apenas llegan a París, aprenden rápidamente cuánto cuesta una visita a la buena sociedad, un traje elegante, un par de zapatos lustrosos, un coche nuevo, una casa, un criado, mil bagatelas y mezquindades que hay que pagar y aprender. Conocen la catástrofe que supone ser menospreciado a causa de un chaleco pasado de moda, pronto comprenden que sólo el dinero o la apariencia de dinero abre puertas, y de estas pequeñas y constantes humillaciones nacen luego las grandes pasiones y la ambición pertinaz. Y Balzac los acompaña. Verifica los gastos del derrochador, los intereses del usurero, las ganancias del comerciante, las deudas del petimetre, los sobornos del político. Las sumas son el exponente de la creciente sensación de alarma, el barómetro de la catástrofe que se avecina. Puesto que el dinero era la expresión tangible de la ambición universal e imbuía todos los sentimientos, el novelista, patólogo de la vida social, para descubrir la crisis del cuerpo enfermo, forzosamente tenía que estudiar la sangre bajo el microscopio, averiguar su contenido en dinero. Pues el dinero impregna todas las vidas, es el oxígeno de todos los pulmones cansados, nadie puede prescindir de él: el ambicioso por su ambición, el amante por su felicidad, y menos aún el artista; él lo supo mejor que nadie, pues llevó sobre sus hombros la deuda de cien mil francos, ese peso terrible que a menudo se sacudía pasajeramente—en los momentos de éxtasis de su trabajo—y que acabó por aplastarlo.

Su obra es inmensa. Los ochenta volúmenes encierran una época, un mundo, una generación. Nunca antes se había emprendido deliberadamente una tarea tan vasta, nunca la audacia de una voluntad descomunal había recibido mejor recompensa. Quien al atardecer, huyendo de su mundo estrecho, busca disfrutar y descansar con nuevas imágenes y nuevas gentes, aquí se le ofrece emoción y un juego cambiante: a los dramaturgos, material para cien tragedias; a los eruditos, un derroche de problemas y sugerencias, arrojados negligentemente como migajas de la mesa de un señor ahíto; a los amantes, un rescoldo de éxtasis que les puede servir de ejemplo. Lo más importante, sin embargo, es la herencia para los poetas. El borrador de *La comedia humana* contiene, junto a las novelas terminadas, otras cuarenta incompletas o no escritas. *Moscú* se llama una; otra, *La llanura de Wagram*; una tercera, *La batalla de Viena*; una cuarta, *Vida de pasión*. Casi es una suerte que no todas vieran el final. Balzac dijo una vez: «Genio es aquel que en todo momento sabe llevar a efecto sus ideas. Pero el genio realmente grande no desarrolla constantemente esta actividad. Si no, se parecería demasiado a Dios.» Pues si hubiera podido terminarlas todas y cerrar el círculo de pasiones y acontecimientos, su obra resultaría inconcebible. Habría sido monstruosa, una disuasión para todos los escritores posteriores por inaccesible, mientras que así—un torso sin parangón—es un estímulo formidable, el ejemplo más sublime para cualquier voluntad creadora que anhela alcanzar lo inalcanzable.

DICKENS

No, no hay que preguntar a libros y biografías cuán amado fue Charles Dickens de sus contemporáneos. El amor sólo alienta en la palabra hablada. Hay que dejar que nos lo cuente alguien, mejor un inglés que con sus recuerdos de juventud todavía pueda retroceder hasta la época de los primeros éxitos, uno de aquellos que después de cincuenta años no hablan de Charles Dickens como el autor de *Pickwick Papers*, sino que sin vacilar se refieren a él con el viejo apodo de «Boz», más familiar e íntimo. Por la emoción y la nostalgia del recuerdo podemos medir el entusiasmo de miles que acogían con impetuoso encanto las azules entregas mensuales de las novelas que hoy, ejemplares rarísimos de bibliófilos, amarillean en cajones y estantes. Uno de estos *old dickensians* me contó que el día de reparto del correo eran incapaces de esperar al cartero en casa, que al fin llegaba con el nuevo cuaderno azul de Boz en la bolsa. Lo habían estado esperando hambrientos todo un mes, con el alma en vilo y discutiendo si Copperfield se casaría con Dora o con Agnes, celebrando que Micawber tuviera que hacer frente a una nueva crisis—¡de sobra sabían que la superaría heroicamente con buenas dosis de ponche caliente y buen humor!—, ¿y ahora tenían que esperar a que llegara el cartero en su perezoso carro y les trajera la solución de todas estas alegres charadas? Imposible, no podían esperar. Y todos, jóvenes y viejos, año tras año recorrían dos millas el día señalado para ir al encuentro del cartero y tener el cuaderno sólo unos minutos antes. Empezaban a leerlo ya por el camino de regreso, unos mirando las páginas por encima del hombro de otros, unos cuantos leyendo en voz alta, y sólo los más bonachones echaban a correr para llevar rápidamente el botín a la mujer y los niños. Como esta pequeña ciudad, todos los pueblos, todas las ciudades, todo el país y más allá, el mundo inglés establecido en todas las partes del mundo adoraba a Charles Dickens, lo amó desde el primer encuentro hasta el último instante de su vida. Nunca en el siglo XIX hubo en parte alguna una relación tan íntima e inquebrantable entre un escritor y su pueblo. Su fama echó a volar como un cohete, pero no se apagó, permaneció como un sol brillando inalterable sobre el mundo. Del primer cuaderno de *Pickwick* se imprimieron cuatrocientos ejemplares; del decimoquinto, ya cuarenta mil: su fama se extendió en su época con la fuerza de un alud. Rápidamente se le abrió el camino hacia Alemania, cientos y miles de cuadernillos de perra gorda sembraron risas y alegría incluso en los surcos de los corazones más áridos; hasta Estados Unidos, Australia y Canadá viajaron el pequeño Nicolás Nickleby, el pobre Oliver Twist, y los miles de otras criaturas de este autor inagotable. Hoy ya son millones los libros de Dickens que circulan por el mundo, en volúmenes grandes, pequeños, gruesos y delgados, en ediciones económicas para los pobres y en la de lujo publicada en Estados Unidos, la más cara que se haya hecho jamás de un escritor (trescientos mil marcos, creo que cuesta esta edición para millonarios); pero en todos los libros anida hoy como ayer la misma risa bendita que levanta el vuelo como un pájaro gorjeante tan pronto como se vuelven las primeras páginas. La popularidad de este autor no ha tenido parangón en ninguna época: si no aumentó en el curso de los años fue simplemente porque la pasión llegó al límite de lo posible. Cuando Dickens se decidió a leer en público, cuando apareció por primera vez cara a cara ante sus lectores, Inglaterra fue presa del delirio. La gente asaltó la sala, la llenó hasta los topes, algunos entusiastas se colgaron de los pilares, otros se arrastraron bajo la tribuna, sólo para poder oír al adorado escritor. En Estados Unidos la gente durmió sobre colchones extendidos ante la taquilla las noches más rigurosas de invierno y los camareros le traían comida de los restaurantes cercanos, pero la aglomeración fue imparable. Todas las salas resultaban demasiado pequeñas y finalmente se tuvo que acondicionar una iglesia de Brooklyn como sala de conferencias para el escritor. Desde el púlpito leyó las aventuras de Oliver Twist y las historias de la pequeña Nell. Su fama no era fruto de una moda pasajera; arrinconó a Walter Scott, durante toda la vida hizo sombra al genio de Thackeray, y, cuando la llama se extinguió, a la muerte de Dickens, el mundo inglés entero se resquebrajó. Gentes desconocidas comentaban entre sí la noticia en la calle, la consternación se apoderó de Londres como después de una batalla perdida. Lo enterraron en la abadía de Westminster, el panteón de Inglaterra, entre Shakespeare y Fielding; miles de ciudadanos se agolparon ante su sencilla sepultura, que permaneció durante días inundada de flores y coronas. Y todavía hoy, después de cuarenta años, es raro pasar por allí sin encontrar flores depositadas por manos agradecidas: la fama y el amor no se han marchitado en todos estos años. Hoy como entonces, cuando Inglaterra puso en la mano del todavía oscuro escritor la inesperada e inimaginable fama universal, Charles Dickens sigue siendo el narrador más querido, festejado y encomiado del mundo inglés.

Una influencia tan enorme y perdurable de una obra literaria, tanto en extensión como en contenido, sólo se puede conseguir con la rara conjunción de dos elementos casi siempre en oposición: la identificación de un genio con la tradición de su época. Generalmente lo tradicional y lo genial se repelen como el agua y el fuego. Incluso se puede llegar a decir que es característico del genio que, como alma que encarna una tradición nueva, se muestre hostil a una tradición pasada, que, como patriarca de una nueva generación, declare la guerra a la que muere. Un genio y su tiempo son como dos mundos que ciertamente intercambian luz y sombra, pero se mueven en esferas diferentes que se encuentran en sendas órbitas que, sin embargo, nunca se unen. Sólo hay un raro segundo en el firmamento en que la sombra de una estrella cubre el disco luminoso de la otra tan de lleno que se identifican: Dickens es el único gran escritor del siglo cuyo propósito más íntimo coincide plenamente con las necesidades espirituales de su tiempo. Su novela se identifica totalmente con los gustos de la Inglaterra de entonces, su obra es la materialización de la tradición inglesa: Dickens es el humor, la observancia, la moral, la estética, el contenido intelectual y artístico, el sentimiento de vida—que a menudo nos resulta extraño y nos despierta nostalgia y simpatía—de sesenta millones de personas más allá del canal de la Mancha. No es él quien ha escrito esta obra, sino la tradición inglesa, la más fuerte, rica y peculiar, y por esto también la más peligrosa de las culturas modernas. No se puede trivializar acerca de su fuerza vital. Cualquier inglés es más inglés que un alemán alemán. Lo inglés no es como un barniz, como un color, sobre el organismo espiritual de la persona, sino que penetra en la sangre, actúa en ella regulando su ritmo y palpita en lo más íntimo y secreto, en lo más personal del individuo: en lo artístico. También como artista el inglés debe más a la raza que el alemán o el francés. Por esta razón cualquier artista en Inglaterra, cualquier verdadero escritor, ha tenido que luchar con el inglés que lleva dentro; pero ni siquiera con el odio más ardiente y desesperado ha podido doblegar a la tradición. Con sus finas raíces llega hasta lo más profundo de la tierra de las almas: quien quiere arrancar lo inglés, hace pedazos el organismo entero, se desangra por la herida. Algunos aristócratas, llevados por el ansia de libre cosmopolitismo, osaron hacerlo: Byron, Shelley y Oscar Wilde quisieron destruir lo inglés de su interior, porque odiaban su elemento eternamente burgués, pero con ello sólo consiguieron hacer trizas su propia vida. La tradición inglesa es la más fuerte, la más victoriosa del mundo, pero también resulta la más peligrosa para el arte. La más dañina, porque es alevosa: no es un desierto helado, no es inhóspita ni hostil, sino que atrae con el fuego cálido y confortable de un hogar, pero lo cerca con fronteras morales, lo constriñe y regula, y no armoniza con el impulso artístico libre. Es una morada humilde, de atmósfera enmohecida, protegida de las peligrosas tormentas de la vida, una casa alegre, agradable y acogedora, un auténtico *home*, con todo el fuego de chimenea de la placidez burguesa, pero también una prisión para aquel cuya patria es el mundo, cuyo placer más profundo es el andar errante, con el feliz espíritu aventurero del nómada, hacia la inmensidad. Dickens se acomodó a la tradición inglesa, convirtiendo sus cuatro paredes en su propio hogar. Se sentía a gusto en la esfera patria y nunca en su vida franqueó la frontera artística, moral o estética de Inglaterra. No era un revolucionario. El artista que llevaba dentro se avenía con el inglés, que poco a poco acabó anulándolo. La obra de Dickens está firmemente asentada en los fundamentos seculares de la tradición inglesa, nunca o casi nunca se asoma ni un ápice fuera de ella, antes bien levanta el edificio hasta alturas inesperadas con una seductora arquitectura. Convertida en arte, su obra es la voluntad inconsciente de su nación, y si pretendemos limitar la intensidad, las raras perfecciones y las posibilidades frustradas de su literatura, al mismo tiempo que con él nos las habremos con Inglaterra.

Dickens es la más alta expresión literaria de la tradición inglesa entre el heroico siglo de Napoleón, el glorioso pasado, y el imperialismo, el sueño de su futuro. Si no nos ha dejado el legado grandioso al que su genio estaba predestinado, sino sólo una obra extraordinaria, no fue Inglaterra ni la raza lo que se lo había impedido, sino el inocente momento histórico: la era victoriana de Inglaterra. También Shakespeare fue la suprema posibilidad y la culminación poética de una época inglesa, pero era la Inglaterra isabelina, ávida de gloria, juvenil, despierta y sensible, que por primera vez había extendido sus garras hacia el *imperium mundi*, que vibraba y ardía de fuerza pletórica. Shakespeare era hijo de un siglo de acción, voluntad y energía. Habían surgido nuevos horizontes, se habían descubierto en América nuevos reinos para la aventura, se había destruido al enemigo secular, el fuego del Renacimiento llameaba desde Italia iluminando la niebla del norte, se había acabado con un dios y una religión para llenar el mundo con nuevos valores de vida. Shakespeare era la encarnación de la Inglaterra heroica; Dickens, sólo el símbolo de la burguesa. Fue súbdito leal de otra reina, la afable, maternal e insignificante *old queen* Victoria, ciudadano de un Estado mojigato, apacible, ordenado, sin brío ni pasión. Su empuje fue refrenado por el lastre de una época que no sentía hambre y sólo quería digerir: un viento flojo se limitaba a jugar con las velas de su barco, no lo empujaba lejos de la costa inglesa para llevarlo a la peligrosa belleza de lo desconocido, hacia la inmensidad sin caminos. Dickens se mantiene siempre prudentemente cerca de su tierra hogareña, conocida y tradicional. Si Shakespeare es el arrojo de la Inglaterra ambiciosa, Dickens es la prudencia de la Inglaterra satisfecha. Nace en 1812. Tan pronto como sus ojos empiezan a captar el mundo que lo rodea, la oscuridad lo cubre, se extingue la gran llama que amenazaba con destruir el maderamen moral de los Estados europeos. En Waterloo la *garde* se estrella contra la infantería inglesa. Inglaterra se ha salvado y ve a su enemigo hereditario perecer en una isla solitaria sin corona ni poder. Dickens ya no lo ha vivido, no ha visto la llama del mundo, el resplandor de fuego extendiéndose de un extremo a otro de Europa; su mirada apenas penetra la niebla de Inglaterra. El muchacho ya no encuentra héroes, la época heroica ha pasado. Hay algunos en Inglaterra que ciertamente no quieren creerlo, que quieren hacer girar de nuevo hacia atrás la rueda del tiempo con fuerza y entusiasmo, dar al mundo el vigoroso impulso del pasado, pero Inglaterra quiere tranquilidad y los rechaza. Se refugian en el oculto rincón del romanticismo, intentan atizar de nuevo el fuego con unos pocos rescoldos, pero el Destino no se deja dominar. Shelley muere ahogado en el mar Tirreno, lord Byron se consume de fiebre en Missolunghi: la época no quiere más aventuras. El mundo es de color ceniza. Inglaterra se ceba a gusto con el botín todavía sangrante. El burgués, el comerciante, el corredor de comercio son los reyes y se repantigan en el trono como en una poltrona. Inglaterra digiere. Un arte que pretendiera gustar en aquel tiempo tenía que ser digestivo, no debía molestar ni sacudir con emociones fuertes, sólo halagar y acariciar, no podía ser sentimental ni trágico. No gustaban los escalofríos que parten el pecho como un rayo, quitan el aliento e hielan la sangre—demasiado bien los conocía la gente en la vida real, cuando llegaban las gacetas de Francia y Rusia—, sino sólo el estremecimiento, el ronroneo y el juego que hagan rodar incesantemente el abigarrado ovillo de las historias. Arte de junto a la chimenea quería la gente de entonces, libros de esos que se leen apaciblemente junto al fuego mientras la tormenta sacude las ventanas, y que chispean y crujen a su vez con pequeñas e inofensivas llamas, un arte que calienta el corazón como el té, no uno que pretenda embriagarlo con éxtasis y entusiasmos. Tan temerosos se han vuelto los triunfadores de antaño—los que ahora sólo querrían retener y conservar, pero sin arriesgar ni cambiar nada—, que tienen miedo de la fuerza de sus propios sentimientos. En los libros como en la vida sólo desean pasiones bien atemperadas, no éxtasis tempestuosos, sino sólo sentimientos normales que exhiben decentemente. En Inglaterra, felicidad se identificaba entonces con recogimiento, estética con decencia, sensibilidad con sensiblería, sentimiento nacional con lealtad y amor con matrimonio. Todos los valores de la vida han perdido sangre y vigor. Inglaterra está satisfecha y no quiere cambios. Así pues, el arte que una nación tan ahíta pueda reconocer debe ser un arte de algún modo también satisfecho, debe ensalzar lo vigente y no querer ir más allá. Y esta voluntad de un arte placentero y agradable, un arte digestivo, encuentra a su genio, de la misma manera que la Inglaterra isabelina encontró a Shakespeare. Dickens es la creación, convertida en necesidad artística, de la Inglaterra de entonces. Debe su fama al hecho de haber llegado en el momento oportuno; su tragedia es haberse visto dominado por esta necesidad. Su arte se alimenta de la moral hipercrítica de la cómoda y satisfecha Inglaterra y, si detrás de su obra no estuviera una extraordinaria fuerza creadora y su brillante y dorado humor no hiciera olvidar la palidez de los sentimientos que la alimentaban, sólo sería valorado en aquella Inglaterra, a nosotros nos sería indiferente como otros miles de novelas producidas al otro lado del Canal por personas diestras. Sólo odiando desde lo más profundo del alma la hipócrita cerrazón de la cultura victoriana se puede calibrar con toda la admiración el genio de un hombre que nos mueve a encontrar interesante y casi amable ese mundo repugnante del bienestar satisfecho, el genio que convirtió en poesía la prosa banal de la vida.

Dickens no luchó nunca contra esta Inglaterra, pero en su interior—en el fondo de su inconsciente—siempre se libró la batalla del artista con el inglés. Al principio avanzó con fuerza y seguridad, sin embargo poco a poco se cansó de andar por la arena blanda de su tiempo, en parte resistente y en parte dúctil, y acabó por seguir las huellas antiguas y anchas de la tradición. Dickens fue sometido por su época y, al pensar en su destino, no puedo menos de recordar las aventuras de Gulliver en el país de los liliputienses. Mientras el gigante duerme, los enanos lo atan al suelo con miles de hilillos; cuando se despierta lo hace prisionero, y no lo liberan antes de que capitule y prometa no infringir les leyes del país. De la misma manera la tradición inglesa ató y mantuvo preso a Dickens mientras dormía el sueño del escritor todavía no famoso: los éxitos lo retuvieron pegado al terruño inglés, lo elevaron a la fama y con ella le ataron las manos. Después de una larga y triste infancia, entró a trabajar de taquígrafo en el Parlamento e incluso trató de escribir pequeños esbozos, más para aumentar sus ingresos que por una necesidad literaria impulsiva. La primera tentativa salió bien y el periódico lo contrató. Entonces un editor le pidió unas glosas satíricas acerca de un club que iban a servir de texto para unas caricaturas de la *gentry*. Dickens aceptó. Y contra toda previsión dieron buen resultado. Los primeros cuadernos del *Pickwick Club* fueron un éxito sin precedentes. Al cabo de dos meses Boz ya era un escritor nacional. La fama le dio alas y *Pickwick* se convirtió en una novela. Un nuevo éxito. Cada vez eran más tupidas las mallas de la red, las ocultas cadenas de la fama nacional. Los aplausos lo empujaban de una obra a otra, y cada vez más en la dirección fijada por los gustos de la época. Y estas cien mil redes, entretejidas en una maraña de aplausos, sonados éxitos y la orgullosa conciencia de una voluntad artística, lo mantuvieron ligado a la tierra inglesa hasta que capituló y juró en su fuero interno que nunca infringiría las leyes estéticas y morales de su patria. A partir de entonces estaría bajo el dominio de la tradición inglesa y del gusto burgués, un Gulliver moderno entre liliputienses. Su maravillosa fantasía, que como un águila hubiera podido elevarse por encima de este mundo estrecho, quedó atrapada en los grilletes de los éxitos. Una profunda satisfacción lastraba su empuje artístico. Dickens estaba satisfecho, satisfecho con el mundo, con Inglaterra, con sus contemporáneos, y éstos lo estaban con él. Ni ellos ni él querían ser diferentes de como eran. En Dickens no anidaba ese amor colérico que castiga, sacude, incita y edifica, ese deseo primitivo de los grandes artistas de disputar con Dios, rechazar su mundo y crear uno nuevo, a su gusto. Dickens era devoto y temeroso de Dios, sentía una sincera admiración por todo lo establecido, un entusiasmo eternamente infantil y juguetón. Estaba satisfecho. No pedía mucho. Había sido un muchacho pobre, olvidado por el Destino, intimidado por el mundo, que había desperdiciado su juventud en míseras profesiones. Por aquel entonces había tenido ideales vivos y variopintos, pero todo el mundo lo había rechazado durante mucho tiempo con una pertinacia intimatoria. Esto le quemaba las entrañas. Su infancia fue una auténtica experiencia trágico-literaria: durante aquellos años la semilla de su voluntad creadora se depositó en la fértil tierra del dolor callado; y en lo más profundo de su alma se hizo el propósito de vengar esta infancia cuando dispusiera del poder y de la posibilidad de extender su influencia. Con sus novelas quería ayudar a todos los niños pobres, abandonados y olvidados que, como él, habían sufrido la injusticia de malos maestros, escuelas desastradas, padres indiferentes y la conducta negligente, insensible y egoísta de la mayoría de adultos. Quería salvar para ellos las pocas flores de colores de las alegrías infantiles que se habían marchitado en su propio pecho sin el rocío de la bondad. Más adelante la vida le concedería todo y ya no tendría de qué quejarse, pero la infancia gritaba venganza en su interior. Y el único propósito moral, el deseo más profundo de su vida de escritor, era ayudar a los débiles. En este sentido quería mejorar el orden establecido: no lo rechazaba, no se rebelaba contra las normas del Estado, no amenazaba, no levantaba el puño airado contra toda la especie, contra los legisladores, los ciudadanos, la mendacidad de las convenciones, sino que se limitaba a señalar aquí y allá con dedo prudente una herida abierta. Inglaterra es el único país que por aquel entonces, en el año 1848, no hizo la revolución. Así pues, Dickens tampoco quiso destruir para crear de nuevo, sólo corregir y mejorar, lijar y mitigar los casos de injusticia social allí donde la espina se clavaba en la carne con demasiada agudeza y dolor, pero no desenterrar y destruir la raíz, la causa más profunda. Como buen inglés, no se atreve con los fundamentos de la moral, que para el conservador son sacrosantos como el *gospel*, el Evangelio. Y esta satisfacción, este burbujeo del blando temperamento de la época, es característica de Dickens. No pedía mucho a la vida: sus héroes tampoco. Los héroes de Balzac son ambiciosos y dominantes, arden en deseos vehementes de poder. Nada les basta, son todos insaciables, todos son a la vez conquistadores del mundo, revolucionarios, anarquistas y tiranos. Tienen un temperamento napoleónico. También los héroes de Dostoievski son fogosos y arrebatados, su voluntad rechaza el mundo y con una soberbia insatisfacción pasan por encima de la vida real para asir la verdadera; no quieren ser ciudadanos ni hombres, sino que en todos ellos centellea bajo la humildad el peligroso orgullo de querer ser un redentor. El héroe de Balzac quiere someter el mundo, el de Dostoievski vencerlo. Ambos tienden a ir más allá de lo cotidiano, se dirigen como una flecha hacia lo infinito. Los personajes de Dickens, por el contrario, son comedidos. Dios mío, ¿qué quieren? Cien libras al año, una buena esposa, una docena de hijos, una mesa bien puesta para acoger a los amigos, un *cottage* cerca de Londres con vistas a los árboles desde las ventanas, un jardincito y un puñado de felicidad. Su ideal es provinciano, pequeñoburgués: es con lo que nos encontraremos en Dickens. Sus criaturas no desean en el fondo ningún cambio en el orden mundial, no quieren riqueza ni pobreza, sino este cómodo punto medio que como máxima de vida es tan sabia para tenderos y carreteros y tan peligrosa para el artista. Los ideales de Dickens se han contagiado de la palidez del mundo en que vive. Tras su obra no hay un Dios colérico, gigantesco y sobrehumano, creador y domador del caos, sino un observador satisfecho, un ciudadano leal. Lo burgués llena por completo la atmósfera de todas las novelas de Dickens.

Por eso su mayor e inolvidable mérito en realidad sólo fue el de descubrir el romanticismo de la burguesía, la poesía de lo prosaico. Fue el primero en volver del revés la vida cotidiana de la menos poética de las naciones para mostrar su lado poético. Hizo que el sol penetrara a través de esta palidez gris e insípida, y quien viera una vez en Inglaterra el brillo dorado y radiante que el sol vigorizador de allí teje a través de la turbia madeja de la niebla, sabe hasta qué punto hace feliz a su nación un escritor que le ha dado con su arte estos segundos de alivio redimiéndola del plomizo letargo. Dickens es el cerco dorado que envuelve la vida cotidiana inglesa, la aureola de las cosas simples y de los hombres sencillos: el idilio de Inglaterra. Buscó sus héroes y sus destinos en las callejuelas de los suburbios, junto a las cuales pasaban distraídamente los demás escritores. Éstos buscaban sus héroes bajo las arañas de cristal de los salones aristocráticos, en los caminos del bosque encantado de los *fairy tales*, perseguían lo lejano, inusual y extraordinario. Para ellos, el burgués era la fuerza de gravedad terrestre convertida en dinero contante y sonante, y por eso sólo querían almas fogosas, soberbias, que aspiraran al éxtasis, hombres líricos, heroicos. Dickens no se avergonzaba de convertir en héroe al más humilde jornalero. Era un *self-made man*, venía de abajo y profesaba una tierna piedad por las clases humildes. Sentía un curiosísimo entusiasmo por lo banal, un gran fervor por los objetos triviales y pasados de moda, por las nimiedades de la vida. Sus libros son como un *curiosity shop*, lleno de quincalla que cualquiera consideraría sin valor, un revoltijo de rarezas y bagatelas curiosas que durante décadas han esperado al amante coleccionista. Pero él tomó estas cosas viejas sin valor y cubiertas de polvo, las limpió, las juntó y las colocó al sol de su humor. Y entonces, de repente, empezaron a brillar con un fulgor nunca visto. Sacó del pecho de los hombres sencillos sus muchos, pequeños y menospreciados sentimientos, los escuchó y ensambló sus engranajes hasta que volvieron a cobrar vida y echaron a andar. De pronto se pusieron a zumbar, ronronear y finalmente a cantar como pequeños relojes de música: una dulce melodía pasada de moda, más alegre que las melancólicas baladas caballerescas de tierras legendarias y las canciones de la *Dama del lago*. Dickens desenterró el mundo burgués de las cenizas del pasado, lo pulió y lo ensambló de nuevo: sólo en su obra este mundo volvió a convertirse en un mundo vivo. Justificó con benevolencia su necedad y estulticia, con amor puso de manifiesto sus bellezas, convirtió sus supersticiones en una mitología nueva y altamente poética. En sus novelas los cantos del grillo del hogar se convierten en música, las campanas de Año Nuevo hablan con lenguas humanas, la magia de la Navidad hermana la poesía con el sentimiento religioso. Dickens vio un sentido más profundo en las fiestas populares más humildes, ayudó a todas estas gentes sencillas a descubrir la poesía de su vida cotidiana, les hizo más caro todavía lo que para ellos era lo más querido, su *home*, la estrecha habitación donde la chimenea chisporrotea con llamas encarnadas y chasca la leña seca, donde el té zumba y canta sobre la mesa, donde vidas sin ilusiones se resguardan de voraces tormentas y de las insensatas temeridades del mundo. Quería enseñar la poesía de lo cotidiano a todos los que vivían recluidos en la vida diaria. Mostró a miles y millones hasta dónde llegaba lo eterno en sus miserables vidas, dónde se hallaba la chispa de la alegría serena perdida entre las cenizas del quehacer cotidiano, les enseñó cómo avivarla para dar una llama alegre y confortable. Quería ayudar a los pobres y a los niños. Le resultaba antipático todo lo que, material o espiritualmente, pasaba el límite de este término medio de la vida; amaba de todo corazón lo corriente, lo habitual. Sentía una profunda antipatía hacia los ricos y los aristócratas, los más favorecidos por la vida. En sus libros son casi siempre canallas y mezquinos; rara vez son retratos, casi siempre caricaturas. No los toleraba. Demasiado a menudo, cuando niño, tuvo que llevar cartas a su padre encerrado por deudas en la cárcel, la Marshalea, había visto embargos y había conocido demasiado de cerca los sacrosantos apuros por falta de dinero; año tras otro había vivido en Hungerford Stairs en una buhardilla sucia y oscura, troquelando pastillas de betún en cazuelas y envolviendo con hilos miles y miles de ellas al día, hasta que sus manos de niño le escocían y lágrimas de humillación le saltaban de los ojos. Demasiado a menudo conoció el hambre y las privaciones en las frías mañanas de niebla de las calles londinenses. Nadie le había ayudado entonces, los carruajes pasaban de largo ante el muchacho aterido de frío, los jinetes al trote no se detenían y los portales no se abrían al niño. Sólo de las gentes humildes había recibido bondad y por esta razón sólo a ellas quería pagarles con la misma moneda. Su obra es eminentemente democrática—no socialista, para esto le faltaba el sentido de lo radical—, sólo el amor y la compasión le confieren el fuego de grandeza. Prefiere permanecer en el mundo burgués, en la esfera intermedia entre el asilo y la vida de rentista; sólo entre esta clase de hombres sencillos se siente a gusto. Pinta sus habitáculos con placer y prolijidad, como si él mismo quisiera vivir en ellos, les teje destinos multicolores, siempre surcados por un rayo de sol; es su abogado, su predicador, su favorito, el sol brillante y siempre cálido de su mundo gris y llano.

¡Y cómo se enriqueció gracias a él esta modesta realidad de los pequeños individuos! Toda la burguesía junta, con sus enseres, la mezcolanza de profesiones, el fárrago infinito de los sentimientos, en sus libros todo ello se convirtió de nuevo en cosmos, en un universo con estrellas y dioses. Desde la superficie plana, estancada y apenas ondulante de las pequeñas existencias, una mirada penetrante vislumbró tesoros y los sacó a la luz con la red de mallas más finas. De la confusión pescó hombres, ¡oh, cuántos hombres, cientos de figuras, suficientes para poblar una ciudad! Entre ellos los hay inolvidables, figuras que permanecen eternas en la literatura y con su mera existencia conforman el verdadero concepto de pueblo: Pickwick y Sam Weller, Pecksniff y Betsey Trotwood, todos aquellos cuyos nombres evocan como por arte de magia una sonrisa en nuestro recuerdo. ¡Qué riqueza la de estas novelas! Los episodios de *David Copperfield* bastarían por sí solos para suministrar material para la obra literaria de toda una vida. Los libros de Dickens son precisamente auténticas novelas por su plenitud y sus incesantes emociones, no como nuestras novelas psicológicas alemanas, casi todas abultadas sólo en grosor. No hay puntos muertos en ellas, ni trechos arenosos y vacíos; con su flujo y reflujo de acontecimientos son realmente como el mar, son insondables e infinitas como el mar. Es prácticamente imposible abarcar con la vista el alegre y tumultuoso hormiguear de personajes; se agolpan en el escenario del corazón, se empujan y se expulsan unos a otros, pasan delante de nosotros como un torbellino. Como crestas de olas emergen del torrente de las grandes ciudades, se precipitan de nuevo en la espuma de los acontecimientos, pero reaparecen otra vez, suben y bajan, se entrelazan o se repelen. Y, sin embargo, estos movimientos no son casuales, detrás de la divertida confusión impera un orden, los hilos se entretejen una y otra vez para formar un abigarrado tapiz. No se extravía ninguna de las figuras, que sólo aparentemente andan sin rumbo fijo; todas se completan mutuamente, se ayudan, se hostigan, acumulan luz o sombras. Complicados enredos, jocosos o serios, desenrollan la acción como el gato jugando con el ovillo, toda una escala de sentimientos sube y baja en rápida sucesión, todo está mezclado: alegría, espanto y arrogancia; ora centellea la lágrima de la emoción, ora la del alborozo. Negros nubarrones cubren el cielo, se rasgan, se ciernen de nuevo, pero al final un sol espléndido brilla en una atmósfera purificada por la tormenta. Algunas de estas novelas son una *Ilíada* compuesta de mil combates individuales, la *Ilíada* de un mundo terrenal sin dioses, otras son sólo una modesta y pacífica *Ilíada*, pero todas ellas, tanto las excelentes como las ilegibles, se caracterizan por una pródiga variedad. Y todas, incluso las más delirantes y las más tristes, han hecho brotar en la roca del paisaje trágico pequeñas delicias como flores. Por doquier florecen estas gracias incomparables: como pequeñas violetas, humildes y escondidas, esperan en la extensa pradera de sus libros, por doquier el claro manantial de la alegría sosegada brota a borbotones del oscuro peñasco de los ásperos avatares. Hay capítulos en Dickens que, por el efecto que producen, sólo pueden compararse con paisajes, tan divinamente puros y no mancillados por los apetitos terrenales como son, tan florecientes y risueños en el sol alegre y benigno de la humanidad. Y ya sólo por ellos debería gustar Dickens, pues estas pequeñas artes se esparcen tan pródigamente en sus libros, que su copiosidad se vuelve grandeza. ¿Quién podría enumerar, él solo, todos los personajes de sus novelas, todos estos tipos adustos, joviales, bonachones, fácilmente ridículos y siempre divertidos? Han sido copiados de la realidad con todas sus manías y peculiaridades, encastillados en sus extravagantes profesiones, enredados en las aventuras más descabelladas. Y por muchos que sean, ninguno es parecido a otro, han sido dibujados minuciosamente uno a uno hasta en los detalles más pequeños, nada en ellos es molde o esquema, todo es sensualidad y vida, no han sido inventados, sino vistos. Vistos por la mirada incomparable de este escritor.

Esta mirada es de una precisión sin par, un instrumento maravilloso, infalible. Dickens era un genio visual. Fijémonos en cualquiera de sus retratos, los de juventud o de edad adulta (los mejores): en todos domina esta notable mirada. No son los ojos del escritor que se revuelven en un bello desvarío o se envuelven de una penumbra elegíaca, no son blandos ni sumisos ni visionarios. Son ojos ingleses: fríos, grises, penetrantes como el acero. Y también como una cámara acorazada que contenía herméticamente cerrado, protegido contra incendios y sin riesgos de perderse, todo cuanto del mundo exterior había ingresado alguna vez, el día anterior o muchos años atrás: desde lo más sublime hasta lo más insignificante, un rótulo cualquiera de color sobre un tenducho de Londres que había visto el muchacho de cinco años en tiempos inmemoriales, o un árbol que abría sus flores justo delante de la ventana. Nada escapaba a esta mirada: era más fuerte que el tiempo; avara, iba atesorando impresión tras impresión en el almacén de la memoria hasta que el escritor las evocaba. Nada caía en el olvido, por pálido o impreciso que fuera, todo estaba guardado y esperaba, todo conservaba su aroma y sabor, su color y claridad, nada moría o se marchitaba. Es incomparable la memoria visual de Dickens. Corta con afilada hoja la niebla de la infancia. En *David Copperfield*, esta autobiografía encubierta, los recuerdos del niño de dos años de la madre y de la criada son como de siluetas recortadas con precisión del fondo del inconsciente. No hay contornos vagos en Dickens; no concede posibilidades ambiguas de visión, sino que obliga a la claridad. Su talento descriptivo no deja margen de libertad a la fantasía del lector, la domina (por eso también fue el escritor ideal para un pueblo sin imaginación). Si colocamos a veinte dibujantes delante de sus libros y les pedimos que dibujen a Copperfield y a Pickwick, todas las láminas se parecerán, describirán con inexplicable parecido al elegante caballero con su chaleco blanco y sus amables ojos tras las gafas, o al hermoso muchachito rubio y tímido en la diligencia que lo lleva a Yarmouth. Dickens describe con tanta precisión y minuciosidad, que el lector no puede dejar de seguir su mirada hipnótica. No posee la mirada mágica de Balzac, que arranca a los hombres de la nube de fuego de sus pasiones creando primero el caos, sino una mirada completamente terrenal, una mirada de hombre de mar o de cazador, una mirada de halcón que descubre los más pequeños detalles humanos. Pero las pequeñeces, dijo una vez, son lo que da sentido a la vida. Su mirada capta pequeñas señales, distingue las manchas de un vestido, los pequeños gestos inútiles de la turbación, los mechones de pelo rojizo que asoman por debajo de una peluca oscura cuando su propietario monta en cólera. Ve los matices, nota los movimientos de un dedo en un apretón de manos, los claroscuros de una sonrisa. Años antes de su época literaria fue taquígrafo del Parlamento y allí se acostumbró a abreviar prolijos discursos, a representar una palabra con una raya, una frase con un simple rasgo de pluma. Y así, más tarde se ejercitó en una especie de taquigrafía literaria de la realidad, a colocar una tilde en lugar de la descripción, a destilar la esencia de la observación a partir del variado caudal de realidades. Poseía una perspicacia fantástica para estas menudencias, su mirada no omitía nada, como un buen obturador de cámara fotográfica captaba gestos y movimientos en una centésima de segundo. Nada se le escapaba. Y esta perspicacia se realzaba por un curioso fenómeno de refracción por el que el ojo no reproducía los objetos en sus proporciones naturales como en un espejo normal, sino que exageraba sus rasgos característicos como un espejo cóncavo. Dickens destaca siempre los detalles típicos de sus personajes, los traslada del plano objetivo al subjetivo, al de la caricatura. Los acentúa, los convierte en símbolos. El alma del corpulento Pickwick también adquiere formas redondeadas; el flaco Jingle se vuelve seco de espíritu; el malo se convierte en Satanás; el bueno, en la perfección personificada. Dickens, como todo gran artista, exagera, pero no lleva su exageración a lo grandioso, sino a lo humorístico. El efecto de sus descripciones, tan indeciblemente divertido, no nacía tanto de su antojo o de su alegría desbordante, como de este curioso ángulo de visión que, con su hiperagudeza, reflejaba todos los fenómenos de la vida hiperbolizados hasta la extravagancia y la caricatura.

En efecto: el genio de Dickens reside en esta óptica peculiar, y no en su alma un tanto burguesa. En realidad Dickens no era psicólogo, alguien que se apodera mágicamente del alma humana, hace germinar las cosas de sus semillas claras u oscuras en misterioso crecimiento con sus formas y colores. Su psicología comienza con lo visible, construye sus caracteres a través de los rasgos externos, aunque los definitivos y más sutiles sólo son visibles para el ojo penetrante del escritor. Como los filósofos ingleses, no empieza con hipótesis, sino con indicios. Capta las manifestaciones del alma más insignificantes, puramente materiales, y en ellas hace visible todo el carácter a través de su singular óptica caricaturesca. A partir de los indicios deja entrever la especie. Al maestro de escuela Creakle, que se expresa con dificultad, presta una voz apenas audible. Y ya adivinamos el miedo de los niños ante este hombre, a quien el esfuerzo de hablar hincha de cólera las venas de la frente. Su Uriah Heep tiene siempre las manos frías y húmedas: la figura exhala enseguida disgusto y repugnancia culebrina. Son menudencias, detalles superficiales, pero siempre producen efecto sobre lo anímico. A veces, es verdad, no es más que un puro capricho lo que representa, un capricho que envuelve a una persona y la mueve mecánicamente como a una marioneta. Otras, Dickens caracteriza al personaje por su acompañante—¡qué serían Pickwick sin Sam Weller, Dora sin Jip, Barnaby sin el cuervo, Kit sin el poni!—y no muestra la singularidad de la figura en el modelo mismo, sino en una sombra grotesca. En realidad sus caracteres son una suma de rasgos, pero definidos con tanta precisión, que armonizan completamente y componen un mosaico perfecto. Y por esto, las más de las veces, el efecto que producen es exterior, visible, suscitan un intenso recuerdo visual, pero uno muy vago en los sentimientos. Si evocamos el nombre de una figura de Balzac o de Dostoievski, por ejemplo la del *père* Goriot o la de Raskólnikov, a ésta responde un sentimiento, el recuerdo de una abnegación, de una desesperación, de un caos de pasión. Mencionemos el nombre de Pickwick y surge la imagen de un caballero jovial, con un considerable *embonpoint* y botones dorados en el chaleco. He aquí las diferencias: con los personajes de Dickens pensamos en cuadros pintados; con los de Dostoievski y Balzac, en música. Pues estos dos crean por intuición; Dickens sólo reproduce; aquéllos crean con los ojos del espíritu; Dickens, con los corporales. Captura el alma no cuando surge de la noche del inconsciente como un fantasma, evocada sólo por las siete luces del conjuro visionario, sino que acecha el fluido incorpóreo allí donde tiene un sedimento de realidad, atrapa las mil acciones del alma sobre el cuerpo, pero en este aspecto no se le escapa ninguna. Su imaginación en realidad no es sino mirada y por eso sólo alcanza para sentimientos y personajes de la esfera mediana, que habitan en el mundo terrenal; sus personajes se convierten en figuras plásticas sólo en las temperaturas moderadas de los sentimientos normales. Cuando alcanzan el grado de calor de la pasión, se derriten como figuras de cera en el sentimentalismo o se solidifican en el odio y se vuelven quebradizos. Dickens sólo consigue naturalezas rectilíneas, no aquellas incomparablemente más interesantes en que fluyen sin cesar las cien transiciones del bien al mal, de Dios a la bestia. Sus tipos son siempre unívocos, ni excelentes como héroes ni infames como canallas; son naturalezas predestinadas, con una aureola en la cabeza o un estigma en la frente. Su mundo oscila entre los *good* y los *wicked*, entre los que tienen sentimientos y los que no los tienen. Su método no conoce senda alguna que conduzca al mundo de los nexos misteriosos, de los enlaces místicos. No puede captar lo grandioso ni aprehender lo heroico. Es la gloria y la tragedia de Dickens: estar siempre en medio, entre el genio y la tradición, lo inaudito y lo banal, en los caminos trillados del mundo terrenal, en lo amable y enternecedor, en lo confortable y burgués.

Pero esta gloria no le bastaba: el idílico ansiaba la tragedia. Siempre aspiró a la tragedia y nunca llegó más que al melodrama. Allí tenía su frontera. Los intentos fueron en vano: quizás en Inglaterra pasen por grandes creaciones la *Historia de dos ciudades* y *Bleak House*, pero para nuestra generación son obras malogradas, porque en ellas el gran gesto es forzado. Sus esfuerzos por llegar a la tragedia son realmente admirables: en estas novelas Dickens amontona conspiraciones, construye grandes catástrofes como peñascos sobre la cabeza de sus héroes, evoca los escalofríos de las noches lluviosas, el levantamiento popular y las revoluciones, pone en movimiento todo el aparato de miedo y horror. Y, sin embargo, no se produce nunca el escalofrío sublime, invariablemente reducido a un simple espasmo, que es el reflejo corporal del miedo, no el terror del alma. No brotan de sus libros las profundas conmociones, esas sacudidas borrascosas que arrancan del corazón lánguidos suspiros de miedo tras la descarga del rayo. Dickens amontona peligro sobre peligro, pero nadie los teme. En Dostoievski a veces se abren de repente abismos, el lector jadea falto de aliento cuando siente en su propio pecho cómo se resquebraja esa oscuridad y se abre ese abismo sin nombre; nota que el suelo desaparece bajo sus pies, siente un repentino vértigo, un vértigo abrasador, pero dulce, quisiera arrojarse abajo, pero a la vez tiembla ante este pensamiento en el que placer y dolor se funden a una temperatura tan alta que es imposible separarlos. También en Dickens existen estos abismos. Los abre, los llena de tinieblas, muestra todo el peligro que encierran. Y, sin embargo, el lector no siente escalofríos, no sufre el dulce vértigo de la caída del alma, que quizás es el encanto supremo del placer artístico. El lector de Dickens se siente más bien seguro, como si el autor le tendiera una barandilla, pues sabe que no lo dejará caer, sabe que el héroe no sucumbirá; los dos ángeles de alas blancas que vuelan por el mundo de este escritor inglés, compasión y justicia, lo llevarán indemne por encima de todas las simas y todos los abismos. A Dickens le falta brutalidad, valentía, para ser un verdadero trágico. No es heroico, sino sentimental. La tragedia es querer a pesar de todo; el sentimentalismo es ansia de lágrimas. Dickens nunca consiguió llegar a la fuerza del dolor desesperado, al dolor último, sin lágrimas y sin palabras: la tierna emoción—por ejemplo, con la muerte de Dora en *David Copperfield*—es el máximo sentimiento serio que es capaz de expresar a la perfección. Cuando se prepara realmente para tomar un fuerte impulso, lo frena siempre la compasión por los pobres. El aceite (a menudo rancio) de la compasión calma cada vez el ímpetu de los elementos conjurados; la tradición sentimental de la novela inglesa puede más que la voluntad de tomar este impulso, pues en Inglaterra el argumento de una novela en realidad sólo puede ser la ilustración de las máximas morales en uso; a través de la melodía del destino de los protagonistas se oye siempre la voz de bajo que dice: «Sed buenos y honrados.» El desenlace tiene que ser apocalíptico, un juicio final: los buenos van al cielo, los malos son castigados. Lástima que Dickens también haya adoptado esta justicia en la mayoría de sus novelas: los canallas mueren ahogados, se matan unos a otros, los ricos y soberbios están en bancarrota, y los héroes, en la gloria. Ni siquiera hoy los ingleses toleran dramas que no terminen dando al espectador la tranquilidad de saber que todo en este mundo sigue en perfecto orden. Y esta típica hipertrofia inglesa del sentido moral atenúa en parte las grandiosas inspiraciones de Dickens en el campo de la novela trágica. Pues la visión del mundo de estas novelas, el núcleo que asegura su estabilidad, ya no es el sentido de la justicia del artista libre, sino la de un ciudadano anglicano. Dickens censura los sentimientos en vez de dejarlos actuar libremente: no permite, como Balzac, que rebosen con naturalidad, sino que a través de diques y fosas los conduce a canales donde mueven los molinos de la moral burguesa. El predicador, el reverendo, el filósofo del *common sense*, el maestro de escuela, todos ellos comparten invisibles el taller del artista y se inmiscuyen en su trabajo: le inducen a hacer de la primera novela no una humilde imagen de la realidad libre, sino un ejemplo y un aviso para los jóvenes. Ciertamente los buenos sentimientos tuvieron su recompensa: cuando Dickens murió, el obispo de Winchester pudo ensalzar su obra diciendo que se la podía dejar con toda tranquilidad en manos de los niños. Pero precisamente el hecho de que no muestra la vida tal como es en realidad, sino tal como se la quiere presentar a los niños, merma su fuerza de convicción. Para nosotros, los no ingleses, hace demasiado alarde de moral. Para ser un héroe en Dickens hay que ser un dechado de virtudes, un ideal puritano. En Fielding y Smollet, que también eran ingleses, a un héroe no le perjudica en absoluto el que alguna vez en una riña rompa la nariz de su adversario o que, a pesar de todo el amor apasionado que siente por su noble dama, se acueste un día con su doncella. En Dickens ni siquiera los libertinos se permiten tales atrocidades. Hasta los hombres más disolutos son en realidad inofensivos, y sus placeres son tan inocentes, que incluso una solterona puede seguirlos sin ruborizarse. Ahí tenemos a Dick Swiveller, el libertino. ¿Dónde está en realidad su libertinaje? Dios mío, bebe cuatro vasos de cerveza en vez de dos, paga sus cuentas haciendo toda clase de chanchullos, de vez en cuando se va de juerga. Y esto es todo. Y para colmo en el momento preciso recibe una herencia—modesta, naturalmente—y se casa como Dios manda con la muchacha que le ha ayudado a volver a la senda de la virtud. En Dickens, ni siquiera los canallas son realmente inmorales; a pesar de sus malos instintos, incluso ellos parecen no tener sangre en las venas. Esa mentira inglesa de la falta de sensualidad preside como un estigma toda su obra; ese estrabismo hipócrita que pasa por alto lo que no quiere ver, desvía de la realidad la mirada de Dickens, que debería rastrearla. La Inglaterra de la reina Victoria impidió a Dickens escribir la perfecta novela trágica, que había sido su deseo más vivo. Y esta Inglaterra lo habría arrastrado y hundido irremisiblemente en su propia mediocridad, lo habría convertido en abogado de su mentira sexual agarrotándolo con la mordaza de la popularidad, si el artista no hubiera dispuesto de un mundo libre donde podían refugiarse sus ansias creadoras, si no hubiera poseído las alas de plata que lo levantaron orgullosamente por encima de las cenagosas regiones de las conveniencias sociales: su bendito y casi celestial humor.

Este mundo feliz, alciónicamente libre, al que no desciende la niebla inglesa, es el mundo de la infancia. La mentira inglesa cercena la sensualidad del hombre y esclaviza al adulto; los niños, en cambio, viven todavía paradisíacamente y despliegan todos sus sentidos sin traba alguna; no son ingleses todavía, sino sólo diáfanas florecitas humanas; su mundo de colores no se ve ensombrecido por el nebuloso humo inglés de la hipocresía. Y aquí, donde Dickens podía disponer a su arbitrio, sin el obstáculo de su conciencia de burgués inglés, creó su obra inmortal. Los años de infancia descritos en sus novelas son particularmente bellos; no creo que la literatura universal olvide estas figuras, estos episodios alegres y tristes de la niñez. ¿Cómo olvidar la odisea de la pequeña Nell, saliendo con su encanecido abuelo del humo y la lobreguez de las grandes ciudades para pasear por la hierba de los campos que empiezan a despertar, dulce e inocente, conservando hasta la muerte aquella sonrisa angelical a través de todos los peligros y peripecias? Es conmovedor en un sentido que no tiene nada que ver con el sentimentalismo y más bien forma parte de los sentimientos humanos más auténticos y vivos. Ahí tenemos a Traddles, el muchacho regordete metido en sus pantalones bombachos, que dibujando esqueletos olvida el dolor de los azotes que acaba de recibir, y a Kit, el más leal entre los leales, al pequeño Nickelby, y a aquel otro niño que aparece en todas partes, este hermoso «y pequeño niño que no ha sido tratado precisamente con amabilidad» y que no es otro que el propio Charles Dickens, el escritor que inmortalizó como nadie las penas y alegrías de la infancia. No se cansa de hablarnos de ese muchacho mortificado, abandonado, asustadizo y soñador, huérfano de padre y madre, y en estos pasajes la emoción raya realmente en las lágrimas, su voz sonora suena llena como el tañido de las campanas. Este corro de niños en las novelas de Dickens es inolvidable. Aquí las risas y los llantos, lo sublime y lo ridículo, se combinan para formar un arco iris de resplandor único; lo sentimental y lo sublime, lo trágico y lo cómico, realidad y ficción se reconcilian en algo nuevo y único. Aquí el escritor vence lo inglés, lo terrenal, aquí es grande e incomparable sin límites. Si se le quisiera levantar un monumento, habría que colocar a esos corros de niños, esculpidos en mármol, rodeando su figura de bronce como a su protector, padre y hermano. Pues él los amó realmente como a la forma más pura del ser humano. Por amor a los niños amó incluso a los que ya no eran niños, pero sí infantiles: los deficientes mentales y los dementes. En todas sus novelas aparece uno de estos deliciosos locos cuyos pobres sentidos perdidos vagan como pájaros blancos muy por encima del mundo de las inquietudes y las lamentaciones, para quienes la vida no es un problema, una fatiga o un trabajo, sino sólo un juego feliz, del todo incomprensible, pero hermoso. Es conmovedor ver cómo describe esos personajes. Los trata con esmero como a enfermos, pone mucha bondad alrededor de sus cabezas, como un halo de santidad. Para él son felices, porque permanecen eternamente en el paraíso de la infancia. Pues la infancia es el paraíso en las obras de Dickens. Cuando leo una de sus novelas, me sobrecoge una lastimera angustia al ver que los niños crecen, porque sé que entonces se pierde lo más tierno para siempre, que lo poético se mezclará pronto con lo convencional, la verdad pura con la mentira inglesa. Y él mismo parece compartir este sentimiento en lo más íntimo de su ser, pues sólo a pesar suyo entrega a sus héroes favoritos a la vida. No los acompaña hasta la edad madura, que es cuando se vuelven banales, mercachifles y bestias de carga de la vida; se despide de ellos una vez los ha conducido hasta la puerta de la iglesia para casarlos y los ha guiado a través de todos los peligros hasta el tranquilo puerto de la vida confortable. Y a una niña, la preferida de entre todos los variados personajes infantiles, en la que eternizó a una persona muy querida muerta a muy temprana edad, no la permitió entrar en el áspero mundo de los desengaños, el mundo de las mentiras. La mantuvo para siempre en el paraíso de la infancia, cerró prematuramente sus tiernos ojos azules, la trasladó, sin que ella se diera cuenta, de la claridad de la niñez a la oscuridad de la muerte. La quería demasiado para entregarla al mundo real.

Porque este mundo, ya lo he dicho antes, en Dickens es una Inglaterra burguesamente moderada, cansada y satisfecha, una pequeña parte de las inmensas posibilidades de vida. Un mundo pobre como éste sólo podía enriquecerse con un gran sentimiento. Balzac hizo fuerte al burgués con el odio; Dostoievski con su amor al Salvador. Y también Dickens, el artista, redime a sus personajes del lastrante peso terrenal a través del humor. No considera que su mundo pequeñoburgués sea objetivamente importante, no entona el himno de las buenas gentes que canta la sobriedad y las virtudes de la Santa Iglesia y que hace insoportables la mayoría de nuestras novelas alemanas de sabor popular, sino que guiña el ojo a sus paisanos con bondad y a la vez con humor, los hace, como Gottfried Keller y Wilhelm Raabe, un poco menos ridículos en sus cuitas liliputienses. Pero ridículos en un sentido simpático y bondadoso, de modo que el lector acaba queriéndolos incluso a pesar de todas sus farsas y bufonadas. Como un rayo de sol el humor inunda sus libros, de pronto hace más alegre e infinitamente encantador su pobre paisaje, lleno de mil primorosos prodigios; al contacto con esta cálida llama todo cobra más vida y verosimilitud, incluso las falsas lágrimas centellean como diamantes, las pequeñas pasiones flamean como verdaderos incendios. El humor de Dickens eleva su obra por encima del tiempo y la proyecta hacia todos los tiempos. La redime del aburrimiento de todo lo inglés. Con su sonrisa Dickens vence la mentira. Como Ariel, este humor flota por el aire de sus libros como un fantasma, los llena de música misteriosa y los arrastra a una danza vertiginosa, a una gran alegría de vivir. Es omnipresente. Hasta desde el pozo de los embrollos más tenebrosos emite su brillante luz como lámpara de minero, afloja los momentos de demasiada tensión, suaviza los tintes demasiado sentimentales con notas de ironía, lo exagerado con su sombra, lo grotesco; el humor es el elemento conciliador, compensador, imperecedero de su obra. Como todo en Dickens, es naturalmente inglés, auténtico humor inglés. También le falta sensualidad, no es descomedido, no se embriaga con sus propias gracias y nunca es licencioso. Incluso cuando se exalta guarda la mesura, no vocifera ni eructa como en Rabelais, ni hace piruetas como en Cervantes en momentos de arrebato, ni se lanza de cabeza a lo imposible como el norteamericano. Se mantiene siempre frío y en pie. Dickens, como todos los ingleses, sonríe sólo con la boca y no con todo el cuerpo. Su hilaridad no se consume a sí misma, sólo chispea y dispersa su luz por las venas de los lectores, parpadea con mil llamitas, bromea errando como un fantasma y brillando como un fuego fatuo, pícaro encantador, en medio de la realidad. Su humor—porque el destino de Dickens es representar siempre el justo medio— es también un equilibrio entre la embriaguez de los sentimientos, la extravagancia y la ironía fría. Su humor no se puede comparar con el de los demás grandes escritores ingleses. No tiene nada de la ironía cáustica y mordaz de Sterne, nada de la alegría jovial y franca de hidalgo de pueblo de Fielding, no es corrosivo y doloroso como Thackeray; sienta bien y no mal, como un cerco de sol juega alegremente alrededor de la cabeza y las manos. No quiere ser moral ni satírico ni esconderse bajo el gorro de bufón para aparentar una seriedad solemne. No pretende nada en absoluto. Simplemente es. Su existencia no se debe a ningún propósito, es natural y evidente; el pícaro se esconde ya en la curiosa posición de los ojos de Dickens, ahí adorna y exagera las figuras, les da las divertidas proporciones y cómicas contorsiones que luego harán las delicias de millones de lectores. Todo entra dentro de este círculo de luz, todos los personajes resplandecen como con una luz interior; incluso los bribones y rufianes tienen su aureola de humor, el mundo entero parece obligado a sonreír cuando Dickens lo contempla. Todo brilla y gira, y las ansias de sol de un país de niebla parecen haberse calmado para siempre. La lengua hace volteretas, las frases se arremolinan y entremezclan, saltan y juegan al escondite con el sentido, se lanzan preguntas unas a otras, se gastan bromas, se engañan, un genio antojadizo les da alas para bailar. Es un humor imperturbable. Es sabroso aun sin la sal de la sexualidad, que por otra parte le negaba la cocina inglesa; no se deja desconcertar porque el impresor azuce al escritor, pues ni siquiera con fiebre, sufriendo calamidades y sinsabores, Dickens era capaz de escribir sino con alegría. Su humor es irresistible, reside impávido en su soberbia y aguda mirada y sólo se extingue cuando se extingue su luz. Nada terrenal podía afectarle; tampoco el tiempo. Pues no me imagino a nadie a quien no gustaran relatos como *El grillo del hogar*, que se resistiera a reír con tantos episodios de sus libros. Las necesidades intelectuales pueden cambiar como las literarias, pero mientras el hombre ansíe alegría, en los momentos de placidez en que la voluntad de vivir descansa y sólo la sensación de vivir agita ligeramente sus olas, en que nada se anhela tanto como una emoción del corazón, cándida y melodiosa, el hombre echará mano de estos libros únicos, tanto en Inglaterra como el mundo entero.

Ésta es la grandeza y el carácter imperecedero de la obra terrenal, demasiado terrenal, de Dickens: irradia y calienta con su propio sol. Respecto de las grandes obras de arte no hay que preguntar sólo por su *intensidad*, no sólo por el hombre que estaba detrás de ellas, sino también por su *extensidad*, por el efecto que produjo en las multitudes. Y de Dickens se puede decir más que de cualquier otro escritor de nuestro siglo que ha aumentado la alegría en el mundo. Lágrimas de millones de ojos han centelleado con sus libros; a miles cuya sonrisa se había marchitado o perdido se la plantó de nuevo en el pecho: su influencia iba más allá de lo literario. Gentes ricas reflexionaron e hicieron donaciones después de leer sobre los hermanos Chereby; corazones duros se ablandaron; con la publicación de *Oliver Twist*, los niños—es auténtico—recibían más limosnas en la calle; el gobierno mejoró los asilos para pobres y controló las escuelas privadas. La compasión y la benevolencia se acrecentaron en Inglaterra gracias a Dickens, muchísimos pobres e infelices vieron aliviado su destino. Ya sé que estos efectos extraordinarios nada tienen que ver con el valor estético de una obra de arte. Pero son importantes, porque demuestran que toda gran obra trasciende el mundo de la imaginación, donde todo creador puede dar rienda suelta a su fantasía y su magia, y contribuir también a transformar la vida real. Cambios en lo esencial, en lo visible y también en la temperatura de los sentimientos. Dickens, al contrario que los autores que piden compasión y aliento para sí mismos, incrementó la alegría y el goce de su tiempo, estimuló su circulación sanguínea. El mundo se hizo más claro desde el día en que el joven taquígrafo del Parlamento cogió la pluma para escribir acerca de hombres y destinos. Salvó la alegría de su tiempo y transmitió a las futuras generaciones el buen humor de la *merry old England*, la Inglaterra de entre las guerras napoleónicas y el imperialismo. Después de muchos años seguiremos volviendo la vista atrás, hacia aquel mundo pasado de moda, con sus extravagantes profesiones, ahora perdidas, pulverizadas en el mortero del industrialismo, y desearemos quizá volver a aquella vida cándida, llena de alegrías sencillas y tranquilas. Dickens creó literariamente el idilio de Inglaterra: ésta es su obra. No menospreciemos en demasía este tono quedo y sosegado comparándolo con el enérgico e impetuoso: también el idilio es eterno, un regreso atávico. Dickens renueva aquí, como lo renovarán sucesivamente las futuras generaciones, la poesía geórgica o bucólica, la poesía del hombre que busca refugio para descansar del horror de los afanes. Aparece para volver a desaparecer una pausa entre emociones, un momento para recuperar las fuerzas antes o después del esfuerzo, un segundo de contento para el corazón que late sin descanso. Unos crean tempestades, otros silencio. Charles Dickens convirtió en poesía un momento de silencio en el mundo. Hoy la vida vuelve a ser ruidosa, las máquinas retumban, el tiempo pasa en cambios más veloces y repentinos. Pero el idilio es inmortal, porque es el placer de vivir; como el cielo azul después de las tormentas, vuelve siempre la alegría de la vida después de todas las crisis y conmociones del alma. Y así regresará también siempre Dickens del olvido; cuando los hombres estén necesitados de buen humor y cuando, cansados de las trágicas tensiones de la pasión, quieran volver a escuchar la misteriosa música de la poesía que emana también de las cosas apenas perceptibles.

DOSTOIEVSKI

Que no puedas terminar es lo que te hace grande.

GOETHE, *Diván occidental-oriental*

ACORDE

Es difícil y de mucha responsabilidad hablar dignamente de Fiódor Mijáilovich Dostoievski y de su importancia para nuestro mundo interior, pues el peso y la envergadura de este hombre único requieren una nueva medida.

Una obra extensa acabada, un autor cree encontrar una primera aproximación y descubre algo infinito, un cosmos con sus propias estrellas en órbitas propias y una música de las esferas diferente. La mente pierde la esperanza de poder penetrar jamás en este mundo: su magia es demasiado extraña al primer encuentro; su pensamiento, demasiado velado por las tinieblas del infinito; su mensaje, demasiado enigmático para que el alma pueda mirar directamente este cielo como contempla el propio. Dostoievski no es nada si no lo vivimos desde dentro. Ante todo, en lo más profundo de nuestras almas debemos examinar la propia capacidad de simpatía y compasión y fortalecerla para conseguir una nueva y mayor sensibilidad: debemos cavar hasta las raíces más hondas y secretas de nuestro ser para descubrir los nexos con su humanidad, al principio fantástica, pero luego auténtica y maravillosa. Sólo en lo más hondo de nuestro ser, donde anidan lo eterno y lo inmutable, raíz con raíz, podemos esperar unirnos con Dostoievski, pues ¡qué extraño aparece ante nuestros ojos corporales este paisaje ruso que, como las estepas de su patria, es intransitable, y qué mundo tan distinto del nuestro! Nada amable ni ameno envuelve allí la mirada, pocas veces una hora apacible invita al descanso. Un místico crepúsculo del sentimiento, cargado de rayos, alterna con una claridad del espíritu fría, a menudo helada, en vez de un sol cálido en el cielo llamea una luz norteña, misteriosa y sangrante. Al entrar en la esfera de Dostoievski, entramos en un mundo místico, de paisaje primitivo, antiguo y virgen a la vez, y un dulce terror nos invade como ante la cercanía de elementos eternos. Pronto la admiración, llevada por la fe, ansía detenerse, mas un presentimiento advierte al corazón cautivado de que no podrá morar allí para siempre y tendrá que regresar a nuestro mundo más cálido y amable, pero también más estrecho. Avergonzados, comprobamos que este paisaje de bronce es demasiado grande para la mirada de todos los días, demasiado sofocante este aire ora helado ora ardiente para nuestro tembloroso aliento. Y el alma huiría de la majestad del terror si, sobre este paisaje implacable y trágico, tremendamente terrenal, no se extendiera un infinito cielo de bondad surcado de estrellas, cielo también de nuestro mundo, pero formando una bóveda infinita más convexa en este penetrante frío del espíritu que en nuestras zonas de clima benigno. Sólo la mirada sosegada que se eleva sobre este paisaje rumbo a su cielo experimentará el consuelo infinito de esta infinita aflicción terrenal y presentirá la grandeza en el terror, el dios en la oscuridad.

Sólo esta mirada a su sentido último puede convertir en amor ardiente nuestro profundo respeto por la obra de Dostoievski, sólo un examen de lo más íntimo de su singularidad nos puede aclarar lo universalmente humano del escritor ruso. Pero ¡qué largo y laberíntico es el descenso hasta el fondo del corazón del gran novelista! Imponente por su extensión, aterrador por su lejanía, esta obra única se hace tanto más misteriosa cuanto más pretendemos penetrar en su abismo infinito desde su infinita amplitud. De cada uno de sus personajes arranca un pozo que desciende hasta las simas demoníacas de lo terrenal, cada vuelo al mundo del espíritu roza con sus alas la faz de Dios. Detrás de cada muro de su obra, detrás de cada rostro humano, de cada pliegue de su embozo, se esconde la noche eterna y brilla la luz eterna: pues Dostoievski se hermana totalmente con todos los misterios del ser por los avatares de su vida y por el rumbo que le marcó el destino. Su mundo se sitúa entre la muerte y la locura, entre el sueño y la claridad ardiente de la vida real. Todos sus problemas personales confinan con otros insolubles de la Humanidad, cualquier superficie iluminada refleja inmensidad. Como hombre, como escritor, como ruso, como político y profeta, su ser irradia siempre un sentido eterno. Ningún camino conduce a su fin, ninguna pregunta puede conducirnos hasta los abismos más profundos de su corazón. Sólo el entusiasmo nos puede acercar a él, pero un entusiasmo que sólo es lo bastante humilde para avergonzarse de ser menor que el propio respeto amoroso por el misterio del hombre.

Dostoievski mismo nunca nos da la mano para ayudarnos a acercarnos a él. Otros arquitectos de magnas obras de nuestro tiempo manifestaron su voluntad. Wagner legó junto a su obra una explicación programática, una defensa polémica. Tolstói abrió todas las puertas de su vida diaria, permitió el acceso a todos los curiosos, para dar cuenta de cualquier pregunta. Dostoievski en cambio nunca reveló sus propósitos si no era en la obra acabada, quemaba sus planes en las brasas de la creación. Durante toda su vida fue un hombre huraño y taciturno; apenas si disponemos de testimonios concluyentes de su vida externa, corporal. Sólo de joven tuvo amigos; de mayor, fue un hombre retraído: le parecía una merma en su amor por la Humanidad entregarse a unos pocos. Tampoco sus cartas revelan más que las necesidades materiales de la vida, el suplicio del cuerpo atormentado: todas tienen los labios sellados, si no es para proferir quejas o llamadas de socorro. Muchos años, todos los de su infancia, están envueltos en la oscuridad; hoy, aquel cuya mirada muchos de nuestra época vieron todavía arder, se ha convertido para nosotros en alguien humanamente lejano e irreal, en una leyenda, un héroe y un santo. Aquella luz crepuscular de la verdad y del presentimiento que baña las sublimes vidas de Homero, Dante y Shakespeare nos deshumaniza también su rostro. No por los documentos, sino sólo por amor y por un anhelo de saber podemos forjarnos una idea de su vida.

Solos, pues, y sin guía, debemos descender a tientas al corazón de este laberinto y desprender el hilo de Ariadna, el hilo del alma, del ovillo de la propia pasión por la vida. Pues cuanto más nos sumergimos en él, más profundos nos sentimos nosotros. Sólo cuando nos acercamos a nuestro verdadero ser, el ser humano universal, estamos cerca de él. Quien mucho sabe de sí mismo, también sabe mucho de él, que fue—nadie sino él—la medida última de toda humanidad. Y este camino hacia su obra pasa por todos los purgatorios de la pasión, por el infierno de los vicios, por todos los grados de tormento terrenal: el tormento del hombre, el tormento de la humanidad, el del artista y el último, el más terrible, el tormento de Dios. Oscuro es el camino y tenemos que inflamar nuestro corazón con la pasión y el anhelo de la verdad para no extraviarnos: tenemos que recorrer nuestra propia profundidad antes de aventurarnos en la suya. Dostoievski no nos manda mensajeros, sólo la experiencia conduce a él. Y no tiene otros testigos que la mística trinidad del artista en carne y espíritu: su rostro, su destino y su obra.

EL ROSTRO

A primera vista su rostro parece el de un campesino. Sus hundidas mejillas forman arrugas color de arcilla, casi sucias, surcadas por el dolor de muchos años; la resquebrajada piel, quemada y sedienta, se tensa en mil grietas: el vampiro de la enfermedad le ha chupado en veinte años toda la sangre y el color. A derecha e izquierda sobresalen como enormes bloques de piedra los pómulos eslavos; una enmarañada mata de pelos cubre la áspera boca y el frágil mentón. Tierra, piedra y bosque, un paisaje trágicamente elemental: he aquí las profundidades del rostro de Dostoievski. Todo es oscuro, terrenal y desprovisto de belleza en este rostro de campesino y casi de pordiosero; liso y sin color, sombrío y sin brillo, como un trozo de estepa rusa salpicada de piedras. Incluso los ojos, muy hundidos, son incapaces de iluminar desde sus grietas este lodo blando, pues su llama no se dirige directamente hacia fuera, clara y deslumbradora, antes bien el fuego de sus agudas miradas penetra en su corazón y lo consume. Cuando se cierran, la muerte se precipita enseguida sobre este rostro, y la hipertensión nerviosa, que mantenía firmes sus cansados rasgos, se hunde en un letargo sin vida.

Como su obra, el primer sentimiento de entre todos que evoca este rostro es el terror, al que se une vacilante la timidez y, luego, apasionada y en creciente embeleso, la admiración. Pues sólo la hondanada terrenal, corporal, de su rostro dormita en esta aflicción sombría y sublime de su naturaleza. Pero sobre el estrecho rostro de campesino se eleva orgullosa, resplandeciente de blanco y abovedada como una cúpula la ancha redondez de la frente: de las sombras y la oscuridad, pulida como a martillazos la catedral del espíritu; mármol sólido sobre el blando fango de la carne y la enmarañada espesura del pelo. Toda la luz de este rostro afluye hacia arriba y, cuando se contempla su retrato, la mirada sólo se detiene en esta potente frente, ancha y regia, que cada vez reluce con más esplendor y parece ensancharse a medida que el envejecido rostro se acongoja y se consume en la enfermedad. Alta e imperturbable como un cielo domina la decrepitud del achacoso cuerpo: gloria del espíritu sobre la aflicción terrenal. Y en ningún otro retrato reluce más gloriosa esta cápsula sagrada del espíritu victorioso que en el del lecho de muerte, cuando los párpados han caído fláccidos sobre los quebrantados ojos, las manos exangües, macilentas pero firmes, se aferran al crucifijo (aquella pequeña y humilde cruz de madera que un día regaló al presidiario una campesina). Esta luz desciende como el sol del amanecer sobre la inmensa tierra e ilumina el inanimado rostro, anunciando con su resplandor el mismo mensaje que todas sus obras: que el espíritu y la fe lo redimieron de una vida corporal aletargada y envilecida. En lo más profundo encontramos siempre la mayor grandeza de Dostoievski: y su rostro nunca habló con tanta fuerza como desde la muerte.

LA TRAGEDIA DE SU VIDA

Non vi si pensa quanto sangue costa.

DANTE

La primera impresión que produce siempre Dostoievski es la de miedo y la segunda, de grandeza. También su destino parece a primera vista tan cruel y vulgar como rústico y común se nos antoja su rostro. Al principio uno lo ve como un martirio absurdo, pues estos sesenta años atormentan al decaído cuerpo con todos los instrumentos del suplicio. La lima de la penuria cercena toda la dulzura de su juventud y de su madurez, la sierra del dolor corporal rechina en sus huesos, el tornillo de las privaciones penetra punzante hasta su nervio vital, los ardientes alambres de los nervios se contraen y distienden incesantemente por sus miembros, el fino aguijón de la voluptuosidad excita insaciablemente su pasión. Ningún tormento le es evitado, ningún martirio es olvidado. Una crueldad absurda, una hostilidad ebria de ira, parece ser de entrada su destino. Sólo mirando hacia atrás se comprende que lo forjara con golpes tan duros porque quería cincelar en él lo eterno, se comprende que fuera un destino formidable a la medida de un hombre formidable. Pues nada apacible y tranquilo le depara a este ser desmesurado, su camino de la vida en nada se parece a la vereda ancha y bien empedrada de los demás escritores del siglo XIX, en todo momento se presiente aquí el placer de un sombrío dios del Destino al atreverse con el más fuerte. La vida de Dostoievski es la de un personaje del

Antiguo Testamento, heroica, en nada moderna ni burguesa. Está obligado eternamente a luchar con el ángel como Jacob, a rebelarse contra Dios y a doblegarse como Job. Sin un instante de seguridad ni de reposo, debe sentir siempre la presencia de Dios, que lo castiga porque lo ama. Para que el camino llegue al infinito no puede descansar feliz un solo minuto. A veces parece que el demonio de su destino contiene su cólera y le permite seguir como a los demás por la senda común de la vida, pero la poderosa mano vuelve siempre a levantarse para empujarlo de nuevo a la maleza, entre zarzales ardientes. Si lo encumbra, sólo es para hundirlo en abismos más profundos y mostrarle toda la magnitud del éxtasis y de la desesperación; lo levanta a las alturas de la esperanza, donde otros más débiles se derriten en la lujuria, y lo arroja al abismo del dolor, donde todos los demás se estrellan en la aflicción: como a Job, lo destruye siempre en los momentos de mayor seguridad, le arrebata mujer e hijo, lo aflige con la enfermedad y lo deshonra con el desprecio, para que no cese de disputar con Dios y así, con su rebeldía incesante y su esperanza inquebrantable, se haga más merecedor a sus ojos. Es como si aquella época de hombres tibios se hubiera reservado a éste para mostrarle qué masa titánica de placer y tormento todavía es posible en nuestro mundo y él, Dostoievski, parece notar vagamente sobre su cabeza la fuerza de esa poderosa voluntad, pues no se defiende de su destino, nunca levanta el puño. El cuerpo contuso se revuelve convulsivamente, de sus cartas brota a veces un grito de angustia como un vómito de sangre, pero el espíritu y la fe ahogan la revuelta. La conciencia mística de Dostoievski presiente la santidad de esta mano, el sentido trágicamente fructuoso de su destino. De su dolor nace amor al sufrimiento, y con el fuego consciente de su tormento inflama su época y su mundo.

Por tres veces la vida lo levanta, por tres veces lo derriba. Muy pronto lo ceba con el dulce manjar de la fama: su primer libro le proporciona un nombre; pero rápidamente se apodera de él la dura garra y lo arroja de nuevo al anonimato: la cárcel, trabajos forzados, o sea *kátorga*, Siberia. Emerge otra vez, ahora todavía más fuerte y animoso: sus apuntes de la casa de los muertos sumen a Rusia en un delirio. El mismo zar humedece el libro con sus lágrimas, la juventud rusa se inflama de entusiasmo por el autor. Dostoievski funda una revista, su voz llega a todo el pueblo, aparecen las primeras novelas. Entonces su existencia material se viene abajo en una fuerte depresión. Las deudas y las cuitas lo fustigan hasta echarlo del país, la enfermedad muerde su carne; como un nómada yerra por toda Europa, olvidado de su patria. Pero por tercera vez, tras años de trabajo y privaciones, emerge de las grises aguas del trance sin nombre: el discurso en memoria de Pushkin lo convierte en el primer escritor y el profeta de su país. Ahora su fama es inextinguible. Pero precisamente ahora lo abate la mano de hierro y el arrebatado entusiasmo de todo su pueblo se estrella impotente contra un ataúd. El destino ya no lo necesita, la cruelmente sabia voluntad lo ha logrado todo; una vez conseguido el máximo fruto espiritual de su existencia, arroja la cáscara vacía del cuerpo.

Con esta crueldad llena de sentido, la vida de Dostoievski se convierte en una obra de arte y su biografía en una tragedia. Y con un prodigioso simbolismo su arte adopta la forma típica del propio destino. Existen en ella misteriosas identidades, místicos nexos y asombrosos reflejos que no se pueden aclarar ni explicar. Ya el comienzo de su vida es un símbolo: Fiódor Mijáilovich Dostoievski nace en un asilo. Desde el primer hálito de vida ya le es asignado el puesto que ocupará en el mundo, un lugar aparte, en el desprecio, cerca de las heces de la vida y, sin embargo, en medio del destino humano, vecino del dolor, el sufrimiento y la muerte. Hasta el último día (murió en un barrio obrero, en un cuartucho de un cuarto piso) no se librará de este cerco, pasará todos los duros sesenta y cinco años de su vida en la miseria, la pobreza, la enfermedad y las privaciones del asilo de la vida. Su padre, médico militar como el de Schiller, es de linaje noble y su madre lleva sangre campesina: así ambas fuentes del pueblo ruso confluyen en su existencia y la fecundan; una estricta educación religiosa dirige pronto su sensualidad hacia el éxtasis. Allí, en el asilo de Moscú, en un estrecho cobertizo que comparte con su hermano, pasó los primeros años de su vida. Los primeros años: no nos atrevemos a llamarlos infancia, pues este concepto desaparece de su vida y queda olvidado en alguna parte. Dostoievski nunca habló de ella y su silencio fue siempre vergüenza o miedo orgulloso a la compasión de otros. En su biografía hay un vacío gris allí donde aparecen imágenes sonrientes y llenas de color de otros escritores, tiernos recuerdos y una dulce nostalgia. Y, sin embargo, creemos conocerlo cuando miramos al fondo de los ojos ardientes de las figuras infantiles que él creó. Debió de ser como Kolia, precoz, fantasioso hasta la alucinación, lleno del destello trémulo e inseguro de llegar a ser algo grande, del fanatismo impetuoso y pueril de querer superarse y «sufrir por toda la humanidad». Como la pequeña Nétochka Nezvánova, debió de rezumar amor y a la vez el miedo histérico de traicionarlo. Y como aquel Iliusha, el hijo del capitán borracho, avergonzado de la miseria de su casa y de la congoja de las privaciones, pero siempre dispuesto a defender al prójimo frente al mundo.

Cuando después, ya adolescente, sale de este mundo siniestro, la infancia ya se ha extinguido. Huye al eterno refugio de todos los insatisfechos, al asilo de los desastrados, al variado y peligroso mundo de los libros. En aquella época leyó una infinidad junto con su hermano, día tras día y noche tras noche—ya entonces el insaciable muchacho elevaba toda afición a la categoría de vicio—, y este mundo fantástico lo alejó todavía más de la realidad. Lleno de un apasionado entusiasmo por la Humanidad, es sin embargo huraño y reservado hasta extremos enfermizos, hielo y fuego a la vez, un fanático de la soledad más peligrosa. Su pasión da vueltas confusa y a tientas, en estos «años del subsuelo» recorre todos los oscuros caminos de los excesos, pero siempre en solitario y con asco en todos los placeres, con sentimiento de culpa en los momentos de dicha y mordiéndose los labios. Por dinero, sólo para ganar unos rublos, entra en el ejército: tampoco allí encuentra amigos. Siguen unos sórdidos años de juventud. Como todos los héroes de sus libros, vive en un rincón una vida de troglodita, soñando, pensando, con todos los vicios secretos del pensamiento y de los sentidos. Su ambición todavía no conoce camino, se escucha a sí mismo e incuba sus fuerzas. Las siente hervir con terror y voluptuosidad en lo más hondo de su ser, las ama y las teme, no se atreve a moverse para no echar a perder esta sorda gestación. Durante unos años permanece en este estado larval oscuro e informe, de soledad y silencio, cae en la hipocondría, le asalta un miedo místico a la muerte, unas veces un terror del mundo, otras de sí mismo, un pánico atávico al caos dentro de su propio pecho. Por las noches traduce para ayudar a sus enmarañadas finanzas (el dinero se le iba en limosnas y excesos, dos inclinaciones opuestas, cosa muy típica por otra parte): traduce *Eugénie Grandet* de Balzac y *Don Carlos* de Schiller. Del turbio vapor de estos días se van componiendo poco a poco algunas formas propias y, finalmente, de este estado nebuloso y soñoliento de angustia y éxtasis germina su primera obra literaria, la novela corta *Pobres gentes*.

En 1844, a los veinticuatro años, él, el solitario, «en el fuego de la pasión, casi con lágrimas», escribió este magistral estudio humano. Lo engendró la más profunda de las humillaciones, la pobreza, y lo bendijo su fuerza más grande, el amor al sufrimiento, la compasión infinita. Contempla con desconfianza las páginas escritas. Sospecha que encierran un interrogante sobre su destino, el veredicto, y apenas se decide a confiar el manuscrito al poeta Nekrásov para que lo examine. Transcurren dos días sin respuesta. Dostoievski pasa las noches en soledad y caviloso, trabaja hasta que la lámpara sólo desprende humo. De pronto, a las cuatro de una madrugada, alguien tira violentamente de la campana y, cuando Dostoievski abre la puerta, Nekrásov se le echa a los brazos, lo besa y lo felicita. Él y un amigo habían leído juntos el manuscrito, habían pasado toda la noche leyéndolo en voz alta, riendo y llorando, y al final no habían podido resistir el impulso de ir a abrazarlo. Esta campana nocturna que lo llamaba a la fama es el primer segundo luminoso de la vida de Dostoievski. Hasta bien entrada la mañana los amigos comparten felicidad y éxtasis con cálidas palabras. Después, Nekrásov se apresura a visitar a Belinski, el todopoderoso crítico de Rusia. «Ha nacido un nuevo Gógol», grita todavía en la puerta, agitando el manuscrito como una bandera. «En vuestra tierra los Gógols crecen como setas», refunfuña el desconfiado crítico, molesto ante tanto entusiasmo. Pero cuando al día siguiente Dostoievski va a verlo, el hombre se ha transformado. «No sé si usted mismo se da cuenta de lo que aquí ha creado», grita excitado al perplejo joven. El terror se apodera de Dostoievski, un dulce escalofrío ante esta nueva fama repentina recorre su cuerpo. Baja las escaleras como en sueños y, tambaleante, se detiene en una esquina. Por primera vez, y sin atreverse a creerlo, siente que todas aquellas fuerzas oscuras y peligrosas que agitaban su corazón son poderosas y son quizás esa «grandeza» con la que su infancia había soñado confusamente, la inmortalidad, el sufrimiento por el mundo entero. Exaltación y contrición, orgullo y humildad fluctúan confusamente en su pecho, no sabe a qué voz debe creer. Va por la calle tambaleándose como ebrio y en sus lágrimas se mezclan felicidad y dolor.

Así de melodramática es la revelación de Dostoievski como escritor. También aquí la forma de su vida imita misteriosamente la de sus obras. En ambos casos los toscos perfiles tienen algo del romanticismo banal de una novela sensacionalista, los golpes de fortuna algo infantil y primitivo, y sólo la grandeza interior y la verdad los elevan a lo sublime. En la vida de Dostoievski lo que comienza en melodrama suele terminar en tragedia. La tensión es enorme: en pocos segundos, sin transición, se concentran todas las decisiones, todo su destino se decide en diez o veinte segundos de éxtasis o de abatimiento. Se los podría llamar ataques epilépticos de la vida: un segundo de éxtasis y derrumbamiento impotente. Detrás de cada éxtasis se esconde ya amenazador el gris crepúsculo del sentimiento aletargado y de los grandes nubarrones se va formando el nuevo rayo asesino de la vida. Cada ascensión se paga con una caída y cada segundo de gracia con muchas horas desconsoladoras de tormento y desesperación. La fama, esta resplandeciente aureola que Belinski le pone en la cabeza en aquel momento, es ya a la vez el primer anillo de un grillete con el que Dostoievski arrastra durante toda su vida la pesada bola del trabajo. *Noches blancas*, su primer libro, será también el último que escribirá como hombre libre y por el mero placer de escribir. A partir de ahora se termina para él la creación literaria: ganar dinero, devolverlo, pagar, pues cada obra que ahora empieza está hipotecada por adelantado desde la primera línea, el hijo todavía no nacido ya está vendido a la esclavitud mercantil. Dostoievski queda encerrado para siempre en el *bagno* de la literatura, durante toda la vida resonarán sus desesperados gritos de libertad, pero sólo la muerte romperá sus cadenas. El principiante no sospecha todavía, en los primeros momentos de placer, el tormento que le espera. Termina rápidamente unas cuantas narraciones cortas y proyecta ya una nueva novela.

Entonces el Destino levanta el dedo en señal de aviso. Su vigilante demonio no quiere que la vida le resulte demasiado fácil. Y para que se dé por enterado en toda su profundidad, Dios, que lo ama, le envía una prueba.

La campana suena otra vez de noche como en aquella primera ocasión. Dostoievski abre perplejo, pero ahora no es la voz de la vida, un amigo jubiloso, mensajero de la fama, sino la llamada de la muerte. Oficiales y cosacos irrumpen en su habitación, detienen al sobresaltado escritor y sellan todos sus papeles. Durante cuatro meses languidece en una celda de la fortaleza de Pedro y Pablo, sin tener idea del delito del que se le acusa: su gran delito es haber participado en las discusiones de unos amigos exaltados a las que dieron exageradamente el nombre de Conspiración de Petrashevski. Sin duda su detención es un error. Sin embargo, de pronto cae como un rayo la condena a la última pena: morir ante un pelotón de fusilamiento.

De nuevo en un segundo se decide su destino, el segundo más denso y rico de su existencia, un segundo eterno, en el que vida y muerte juntan los labios en un ardiente beso. Al amanecer es sacado de la cárcel con nueve condenados más, le ponen la mortaja, le atan las manos al palo y le cubren los ojos. Escucha la lectura de su sentencia de muerte y el redoble de tambores: todo su destino se condensa en un puñado de esperanza, infinita desesperación e infinitos deseos de vivir, todo ello en una sola molécula de tiempo. El oficial levanta la mano, agita el pañuelo blanco y lee el indulto: la pena de muerte ha sido conmutada por la de prisión en Siberia.

De su primera y reciente fama, Dostoievski se precipita en un abismo sin nombre. Durante cuatro años, mil quinientas estacas de roble delimitan todo su horizonte. En ellas cuenta día tras días con muescas y lágrimas los trescientos sesenta y cinco días multiplicados por cuatro. Sus compañeros son delincuentes: ladrones y asesinos; su trabajo consiste en tallar alabastro, transportar ladrillos y espalar nieve. La Biblia es el único libro permitido; un perro sarnoso y un águila aliquebrada, sus únicos amigos. Cuatro años permanece en la «casa de los muertos», en el infierno, una sombra entre sombras, anónimo y olvidado. Cuando finalmente le quitan los grilletes de los pies magullados y deja tras de sí las estacas y las podridas paredes marrones, es otro hombre: su salud está arruinada, su fama desvanecida y su vida destruida. Sólo sus ansias de vivir siguen intactas e invulnerables: más clara que nunca brilla la cálida llama del éxtasis en la cera derretida de su maltrecho cuerpo. Permanecerá todavía dos años más en Siberia, semilibre y sin permiso para publicar una sola línea. En aquel exilio, en la más amarga desesperación y soledad, contrae el extraño matrimonio con su primera mujer, enferma y extravagante que de mala gana corresponde a su compasivo amor. Alguna oscura tragedia de sacrificio se esconde para siempre en esta decisión y escapa a la curiosidad y al respeto; sólo por algunas alusiones en *Humillados y ofendidos* se puede barruntar el silencioso heroísmo de este insólito sacrificio.

Olvidado de todos, regresa a San Petersburgo. Sus protectores literarios lo han abandonado, sus amigos lo han perdido. Pero, restablecido y animoso, logra salir de la ola que lo había abatido para volver a la luz. Sus *Apun-*

tes de la casa de los muertos, esta imperecedera descripción de sus días de presidiario, arrancan a Rusia del letargo de una contemplación indiferente de la vida cotidiana. Toda la nación descubre con horror que, bajo la superficie de su tranquilo mundo, existe otro tan cercano que pueden notar su aliento, un purgatorio de todos los suplicios. Hasta el Kremlin llega la llama de la denuncia, el zar solloza sobre las páginas del libro y miles de labios pronuncian el nombre de Dostoievski. En un solo año su fama se ha erigido de nuevo, más alta y perdurable que nunca. El resucitado escritor funda junto con su hermano una revista que escribe casi él solo: al poeta se asocia ahora el predicador, el político, el *praeceptor Russiae*. El eco de la revista, que tiene una amplia difusión, es enorme. Dostoievski termina una novela, el éxito lo atrae alevosamente, con muchos guiños. Su suerte parece asegurada para siempre.

Pero la oscura voluntad que gobierna su vida de nuevo dice: demasiado pronto. Pues todavía le queda por conocer un suplicio de este mundo: el martirio del exilio y la corrosiva y lastimera angustia diaria de la falta de comida. Siberia y la *kátorga*, la caricatura más atroz de Rusia, todavía eran la patria; ahora, por el ancestral y poderoso amor hacia el propio pueblo, iba a conocer la añoranza del nómada lejos de su tienda. Una vez más tiene que volver al anonimato, descender hasta lo más hondo de las tinieblas, antes de poder ser el poeta y el heraldo de su nación. Un nuevo rayo convulsiona su vida, un segundo de destrucción: le clausuran la revista. Se trata de un nuevo error, tan tremendo como el primero. Y ahora, tormenta tras tormenta, el espanto invade su vida. Muere su mujer y, poco después, su hermano que a la vez ha sido su mejor amigo y ayudante. Las deudas de dos familias caen como plomo sobre sus hombros y el espinazo se le dobla bajo tamaño peso. Todavía se defiende desesperadamente, trabaja noche y día como presa de la fiebre, escribe, redacta e imprime él mismo, sólo para ahorrar dinero, salvar su existencia y su honor, pero el destino resulta más fuerte que él. Como un criminal, una noche huye de sus acreedores y se adentra en el ancho mundo.

Empieza aquel peregrinaje de muchos años y sin rumbo fijo por el exilio europeo, aquella terrible ruptura con Rusia, fuente de su vida, que oprimió más duramente su alma que las estacas de la *kátorga*. Es horroroso imaginarse cómo el más grande escritor ruso, el genio de su generación, el mensajero de un mundo infinito, anda errante de país a país, desvalido, sin patria y sin rumbo. A duras penas encuentra albergue en pequeños y miserables cuartos, llenos del tufo de la pobreza; el demonio de la epilepsia clava las garras en sus nervios; las deudas, los pagarés, los compromisos lo fustigan y hacen ir de uno a otro trabajo; el bochorno y la vergüenza lo expulsan de una ciudad a otra. Si un rayo de felicidad brilla en su vida, inmediatamente el Destino hace aparecer nuevas nubes oscuras. Una joven, su taquígrafa, se había convertido en su segunda esposa, pero el primer hijo que le da se lo arrebatan a los pocos días la inanición y la penuria del exilio. Si Siberia fue el purgatorio, la antesala de su sufrimiento, Francia, Alemania e Italia son sin duda su infierno. Apenas nos atrevemos a imaginarnos esta trágica existencia. Pero cada vez que paseo por las calles de Dresde y paso por delante de alguna casa mísera y sucia, se me ocurre pensar si acaso no vivió allí, entre buhoneros y peones, en un cuarto piso, solo, infinitamente solo en este mundo de actividades extrañas para él. Nadie llegó a conocerlo durante estos años. A una hora de distancia, en Naumburg, vive Friedrich Nietzsche, el único que podría comprenderlo; Richard Wagner, Hebbel, Flaubert, Gottfried Keller, los contemporáneos están allí, pero él no sabe nada de ellos ni ellos de él. Como una gran alimaña peligrosa, desgreñado y andrajoso, sale a hurtadillas de la madriguera donde trabaja y se desliza asustadizo por la calle, siguiendo siempre el mismo camino, en Dresde, en Ginebra o en París: va a un café, a un club, sólo para leer periódicos rusos. Quiere sentir Rusia, la patria, simplemente ver las letras cirílicas, respirar el aliento fugaz de las palabras patrias. A veces se sienta en una sala de exposiciones, no por amor al arte (siempre fue un bárbaro bizantino, un iconoclasta), sino para calentarse. No sabe nada de las personas que lo rodean, sólo las odia porque no son rusas, odia a los alemanes en Alemania, a los franceses en Francia. Su corazón palpita al acecho de Rusia, sólo su cuerpo vegeta indolente en este mundo extraño. Ninguno de los escritores alemanes, franceses o italianos puede atestiguar una conversación o un encuentro con él. Sólo lo conocen en el banco, donde todos los días se acerca pálido a la ventanilla para preguntar con voz temblorosa de emoción si ha llegado finalmente el giro de Rusia, los cien rublos que mil veces suplicó, hincado de rodillas, a gentes extrañas y abyectas. Los empleados se ríen ya del pobre loco y de su eterna espera. También es cliente habitual de la casa de empeños: allí lo ha empeñado todo, una vez incluso sus últimos pantalones, sólo para poder mandar un telegrama a San Petersburgo, uno de aquellos gritos desgarradores que tantas veces se repiten con estridencia en sus cartas. El corazón se nos encoge al leer las serviles cartas, aduladoras y sumisas como un perro baboso, en las que el gran escritor, para mendigar diez rublos, invoca cinco veces al Salvador, estas cartas aterradoras que jadean, aúllan y gimotean por un miserable puñado de dinero. Pasa las noches trabajando y escribiendo, mientras su mujer gime de dolor a su lado con los dolores del parto, mientras la epilepsia extiende ya sus garras para estrujarle la vida de la garganta, mientras la casera amenaza con la policía para cobrar el alquiler y la comadrona refunfuña porque no recibe la paga: escribe *Crimen y castigo*, *El idiota*, *Los demonios*, *El jugador*, esas obras monumentales del siglo XIX, esas creaciones universales que han modelado todo nuestro mundo anímico. El trabajo es su salvación y su tormento. Trabajando vive en Rusia, en su patria. Sin hacer nada se consume en Europa, su segunda *kátorga*. Por esta razón se sumerge cada vez más en sus obras. Son el elixir que lo embriaga, son la música que tensa sus afligidos nervios hasta el supremo goce. Y mientras tanto, como en otro tiempo las estacas del presidio, cuenta ansioso los días. ¡Regresar a la patria, aunque sea como mendigo! ¡Rusia, Rusia, Rusia!, es el grito eterno de su desamparo. Pero todavía no puede regresar, todavía debe seguir en el anonimato a causa de su obra, mártir de todas estas calles extrañas, sufridor solitario, sin gritos ni lamentaciones. Todavía tiene que vivir algún tiempo entre los gusanos de la vida antes de ascender al gran esplendor de la fama eterna. Su cuerpo ya está minado por las privaciones, los golpes de la enfermedad cada vez resuenan con más frecuencia en su cerebro, de modo que tiene que permanecer echado y aturdido días enteros para poder volver tambaleándose, al recuperar las primeras fuerzas, hasta el escritorio. Dostoievski tiene cincuenta años, pero ha vivido el tormento de milenios.

Y entonces, en el último momento, el más apremiante, el Destino dice: basta. Dios vuelve de nuevo su rostro hacia Job: a los cincuenta y dos años Dostoievski puede regresar a Rusia. Sus libros le han granjeado simpatías y han hecho olvidar a Turguéniev y a Tolstói. Rusia sólo tiene ojos para él. El *Diario de un escritor* lo convierte en heraldo de su pueblo, y con las últimas fuerzas y el arte más depurado termina su legado a las generaciones futuras de la nación: *Los hermanos Karamázov*. Y, ahora, finalmente el Destino le revela el sentido de su vida y ofrece al hombre tantas veces probado un segundo de suprema felicidad para mostrarle que la simiente de su vida empieza a dar una cosecha interminable. Por fin para Dostoievski el triunfo se concentra en un instante al igual que antes el tormento, su Dios le manda un rayo, pero no uno que lo derribe, sino uno que lo arrebate para llevárselo como a los profetas a la eternidad en un carro de fuego. Los grandes escritores de Rusia son invitados a pronunciar discursos para festejar el centenario del nacimiento de Pushkin. Turguéniev, el occidentalista, el escritor que toda la vida le usurpó la fama, tiene la preferencia y recibe un aplauso tibio y complaciente. Al día siguiente tiene la palabra Dostoievski y la esgrime con demoníaca embriaguez como un rayo. Con llamas de éxtasis, que como una tormenta salen de golpe de su débil y ardiente voz, anuncia la sagrada misión de la reconciliación de todos los rusos; cuantos le escuchan caen de rodillas ante él, como segados. La sala tiembla bajo la explosión de júbilo, las mujeres le besan las manos, un estudiante cae sin sentido ante él, los demás oradores renuncian a tomar la palabra. El entusiasmo no tiene límites y sobre la cabeza de Dostoievski se enciende la aureola de fuego junto a la corona de espinas.

Algo más quería su Destino: mostrar en un minuto candente el cumplimiento de su misión, el triunfo de su obra. Después, una vez salvado el fruto puro, arroja la reseca cáscara de su cuerpo. El 10 de febrero de 1881 muere Dostoievski. Un escalofrío recorre Rusia. Un momento de duelo silencioso. Mas luego se convierte en un torrente: de todas las ciudades, aun las más lejanas, acuden delegaciones simultáneamente y sin acuerdo previo para rendirle el último tributo. De todos los rincones de «la ciudad de las mil casas» se levanta como la espuma—¡demasiado tarde, demasiado tarde!—el amor extático de la multitud, todos quieren ver al difunto que en vida habían olvidado. La calle de los Herreros, donde se ha instalado la capilla ardiente, hierve de gente enlutada, un gentío grave sube lentamente y en estremecido silencio las escaleras de la casa obrera y llena las angostas habitaciones hasta tocar el ataúd. Al cabo de unas horas ha desaparecido el festón que lo cubría, porque cien manos se llevan flores como precioso recuerdo. La atmósfera del pequeño aposento se hace tan sofocante, que las velas no tienen aire con que alimentarse y se apagan. Cada vez es más numerosa la multitud que se apretuja en un constante flujo y reflujo ante el cadáver. El ataúd se balancea a causa de la afluencia y está a punto de volcarse: la viuda y los asustados niños tienen que sostenerlo con las manos. El jefe de policía quiere prohibir el entierro público, porque los estudiantes planean llevar las cadenas del presidiario detrás del féretro, pero finalmente no se atreve a oponerse a un entusiasmo que sólo con las armas se vería capaz de contener. Y en la comitiva fúnebre se hace de repente realidad por una hora el sagrado sueño de Dostoievski: la Rusia unida. Así como en su obra todas las clases y condiciones sociales de Rusia se unen gracias al sentimiento de hermandad, también los cientos de miles de ciudadanos que acompañan su féretro son una sola masa gracias a su dolor común; jóvenes príncipes, fastuosos popes, obreros, estudiantes, oficiales, lacayos y mendigos, todos lloran con un solo clamor al querido difunto bajo un ondeante bosque de banderas. La iglesia en que se celebran sus exequias es toda ella un jardín de flores, y ante su tumba abierta todos los bandos se unen en un juramento de amor y admiración. Así, en su hora postrera, Dostoievski obsequia a su pueblo con un momento de reconciliación y contiene por última vez, con fuerza demoníaca, las rabiosas contradicciones de su época. Y como una grandiosa salva en honor del difunto estalla tras su paso la espantosa mina: la revolución. Tres semanas más tarde el zar muere asesinado, retumba el trueno del alzamiento, los rayos de la represión sacuden el país: como Beethoven, Dostoievski muere en medio del sagrado tumulto de los elementos, en medio de una tempestad.

EL SENTIDO DE SU DESTINO

> Me he convertido en maestro
> en el arte de soportar placer y dolor,
> y mi felicidad mayor
> fue sobrellevar el placer.
>
> GOTTFRIED KELLER

Una lucha incesante se libra entre Dostoievski y su destino, una especie de afable hostilidad. El Destino agudiza dolorosamente todos los conflictos, de tanto separar los contrastes llega a desgarrar dolorosamente su persona; la vida le duele porque lo ama y él la ama porque lo tiene agarrado con fuerza, pues este hombre sapientísimo reconoce en el dolor la mayor posibilidad de sentimiento. El Destino nunca lo deja libre, lo esclaviza una y otra vez para convertir a este creyente en el eterno mártir de su poder y su magnificencia. Como con Job, el Destino lucha con él durante la interminable noche de su vida hasta el amanecer de la muerte y no suelta la garra que lo estrangula hasta que él la bendice. Y Dostoievski, el «siervo de Dios», comprende la grandeza de este mensaje y encuentra su mayor felicidad en estar eternamente sometido a fuerzas infinitas. Besa la luz con labios febriles: «No existe para el hombre un sentimiento más necesario que el de poder inclinarse ante lo infinito.» Postrado de rodillas bajo el peso de su destino, levanta piadoso las manos y proclama la grandeza sagrada de la vida.

En esta servidumbre del Destino Dostoievski se convierte por humildad y por saber en el gran vencedor de todo sufrimiento, en el maestro más sabio y subvertidor de todos los valores desde el Antiguo Testamento. Se hizo fuerte sólo por la violencia a la que lo sometía el Destino, y fueron los martillazos que cayeron sobre el yunque de su existencia lo que forjó el temple de su alma. Cuanto más cae su cuerpo, tanto más se eleva su fe; cuanto más sufre como hombre, tanto más su espíritu conoce el sentido y la necesidad del sufrimiento del mundo. *Amor fati*, el abnegado amor al Destino, que Nietzsche ensalza como la ley más fecunda de la vida, le hace ver en toda adversidad sólo la plenitud, en toda aflicción la salvación. Como Balaam, toda maldición se convierte para el elegido en bendición, toda humillación en exaltación. En Siberia, con grilletes en los pies, compone un himno al zar que lo condena a muerte siendo inocente, con una humildad que no alcanzamos a comprender besa una y otra vez la mano que lo castiga; como Lázaro saliendo lívido de la tumba, está siempre dispuesto a dar testimonio de la belleza de la vida, y de su agonía diaria, de sus convulsiones y espasmos epilépticos, se incorpora, todavía echando espuma por la boca, para alabar al Dios que le envía tales pruebas. Todo sufrimiento engendra en su alma abierta nuevo amor al sufrimiento, una sed insaciable, ávida y flagelante de una nueva corona de mártir. Cuando el Destino lo golpea con fuerza, él, derrumbándose ensangrentado, suspira por más golpes. Coge el rayo que le hiere y convierte aquello que debía abrasarlo en fuego del espíritu y éxtasis creador.

Ante esta fuerza demoníaca de transformación de todo cuanto le sobreviene el Destino pierde todo su poder. Lo que parece castigo y prueba, para este sabio es una ayuda; lo que hace postrarse de rodillas al hombre, yergue en realidad al escritor. Lo que aplastaría al débil no consigue sino acerar la fuerza de su alma extasiada. El siglo, que gusta de jugar con alegorías, nos da una prueba del doble efecto que puede producir una misma experiencia. Un rayo parecido alcanza a otro escritor de nuestro mundo, Oscar Wilde. Ambos, escritores de prestigio y de sangre noble, un día caen de la esfera burguesa en que viven y van a parar a la cárcel. Pero esta prueba pulveriza a Wilde como en un mortero; Dostoievski sale de la suya moldeado por el fuego como el bronce del crisol. Pues Wilde, que todavía posee una sensibilidad social y el instinto de hombre que pertenece a una sociedad, se siente envilecido por este estigma, y se convierte para él en la humillación más espantosa el baño en *Reading Goal*, donde su bien cuidado cuerpo de noble tendrá que sumergirse en el agua que otros diez reclusos ya han ensuciado. Toda una clase privilegiada, la cultura de los *gentlemen*, se estremece de horror al tener que mezclarse físicamente con el vulgo. Dostoievski, en cambio, el hombre nuevo que está por encima de todas las clases, con el alma encendida y ebria de destino acepta este contacto, y el mismo baño sucio se convierte en el purgatorio de su orgullo. Y en el auxilio que presta humildemente a un pringoso tártaro vive extáticamente el misterio cristiano del lavatorio. Wilde, en quien el lord sobrevive al hombre, sufre entre los presidiarios por temor de que lo tomen por uno de ellos; Dostoievski sufre sólo mientras el ladrón y el asesino le niegan todavía el trato fraternal, pues la distancia y la falta de hermandad son para él una mácula, una deficiencia de su humanidad. Así como el carbón y el diamante son el mismo elemento, también el doble destino de estos dos escritores es el mismo y sin embargo diferente. Wilde termina al salir de prisión, Dostoievski justo empieza. Wilde se consume y se convierte en escoria en el mismo fuego que forja el reluciente temple de Dostoievski. Wilde es azotado como un siervo porque se rebela; Dostoievski triunfa sobre su destino por amor a él.

Tan bien sabía Dostoievski metamorfosear sus tribulaciones, transformar sus humillaciones, que sólo el más cruel de los destinos podía estar a su altura. Pues precisamente de los peligros extremos de su existencia logra sacar la mayor seguridad interior; los tormentos son ganancias para él; los vicios, progresos; los obstáculos, impulsos. Siberia, la *kátorga*, la epilepsia, la pobreza, la pasión por el juego, todas estas crisis se vuelven fecundas para su arte gracias a una demoníaca fuerza transmutadora, pues así como los hombres arrancan sus más preciosos metales de las tenebrosas profundidades de las minas, entre los peligros del grisú, muy por debajo de la superficie donde la vida transcurre segura y tranquila, así el artista consigue sus verdades más resplandecientes, sus últimos conocimientos, sólo de los abismos más peligrosos de su naturaleza. Vista como una tragedia desde el punto de vista artístico, la vida de Dostoievski es moralmente una conquista sin igual, porque es el triunfo del hombre sobre su destino, una transmutación de la existencia exterior a través de la magia interior.

Esta victoria de la fuerza vital del espíritu sobre un cuerpo frágil y achacoso no tiene parangón. No olvidemos que Dostoievski era un enfermo cuando creó esta obra de bronce imperecedera sacándola de unos miembros débiles y quebrados, de unos nervios que se contraían convulsamente y temblaban como llamas ardientes. En medio de su cuerpo tenía clavado como una estaca el más peligroso de los males, terrible y eternamente presente símbolo de la muerte: la epilepsia. Dostoievski fue epiléptico los treinta años enteros de su período artístico. En mitad del trabajo, en la calle, conversando, incluso durmiendo, la mano del «demonio estrangulador» agarra de pronto su cuello y lo arroja con tal violencia al suelo, echando espuma por la boca, que el cuerpo, sorprendido, se hace sangre con el golpe al caer. El nervioso niño presiente ya en extrañas alucinaciones, en terribles convulsiones corporales, los relámpagos del peligro, pero el rayo de la «enfermedad sagrada» no se forja sino en la cárcel. La tremenda sobreexcitación nerviosa la provoca aquí con toda su fuerza elemental, y como todo infortunio, como la pobreza y las privaciones, esta aflicción corporal permanece fiel a Dostoievski hasta el último momento de su vida. Lo extraordinario, sin embargo, es que la torturada víctima nunca protesta contra tales pruebas. Nunca se queja de su dolencia como Beethoven de su sordera, Byron de su pie más corto o Rousseau de su vejiga, y no consta en ninguna parte que buscara seriamente cura para su enfermedad. Sin miedo a equivocarnos podemos tomar por cierto lo inverosímil, a saber, que con su infinito *amor fati* amaba esta enfermedad, la amaba como destino, igual que sus vicios y los peligros a los que estaba expuesto. La pasión del escritor por sentir y experimentar reprime el dolor del hombre: Dostoievski domina el sufrimiento acechándolo. Transforma el extremo peligro de su vida, la epilepsia, en el mayor secreto de su arte: de estos estados de éxtasis, estos momentos maravillosos de vacilante presentimiento, extrae una misteriosa belleza jamás conocida. En una abreviatura de lo más increíble Dostoievski vive la muerte en vida y en cada segundo antes de morir experimenta la esencia más fuerte y embriagadora del ser, la tensión patológicamente acrecentada de «sentirse a sí mismo». Como un símbolo mágico el Destino le hace revivir en propia sangre una y otra vez el momento más intensamente vivido, el minuto en la plaza Semiónovskaia, para que nunca olvide la acerba sensación del contraste entre el Todo y la Nada. También aquí la oscuridad estrangula la mirada, también aquí el alma rebosa del cuerpo como el agua del vaso demasiado lleno e inclinado; ya se eleva tembloroso hacia Dios con las alas extendidas, percibe una luz sobrenatural sobre el batir de alas sin cuerpo, rayo de luz y gracia de otro mundo, se hunde la tierra y cantan las esferas... cuando el trueno del despertar lo precipita de nuevo, roto, al mundo de todos los días. Cada vez que Dostoievski describe uno de estos minutos, esta sensación de dicha que es como un sueño y a la que da aliento su inaudita sagacidad siempre alerta, su voz se apasiona en reminiscencias y el momento de espanto se convierte en himno: «Los hombres sanos ni siquiera podéis sospechar», sermonea entusiasmado, «la sensación de bienestar que invade al epiléptico un segundo antes del ataque. Mahoma cuenta en el Corán que se halló en el paraíso el breve instante en que la copa se volcó y derramó el agua, y todos los chiflados listos afirman que es un mentiroso y un farsante. Pero no es verdad que mienta. Por supuesto que estuvo en el paraíso durante un ataque epiléptico, una enfermedad que él padecía como yo. No sé si estos segundos de placer duran horas, pero creedme, no los cambiaría por todas las alegrías del mundo.»

En este segundo de ardor la mirada de Dostoievski va más allá de los detalles del mundo y abarca el infinito en un delirante sentimiento universal. Pero lo que no menciona es el amargo castigo con el que paga cada una de estas convulsas aproximaciones a Dios. Un colapso espantoso en un instante rompe en mil pedazos esos segundos de cristal. Con el cuerpo roto y los sentidos embotados se precipita de nuevo, cual otro Ícaro, al fondo de la noche terrenal. La sensibilidad, cegada todavía por la luz infinita, va encontrándose poco a poco y a tientas en la cárcel del cuerpo, los sentidos se arrastran ciegos como gusanos por el suelo del ser, los mismos que en su bienaventurado vuelo acaban de contemplar la faz de Dios. El estado en que se encuentra Dostoievski tras cada ataque es casi el de un idiotismo crepuscular, que él mismo ha retratado en todo su horror con una claridad flagelante en el personaje del príncipe Myshkin. Yace postrado en cama con el cuerpo deshecho y apaleado, la lengua no obedece a la voz ni la mano a la pluma, enfurruñado y abatido rehúsa toda sociedad. La claridad del cerebro, que poco antes abarcaba mil detalles en armónica síntesis, se ha quebrado, el príncipe es incapaz de recordar las cosas más inmediatas, se ha roto el hilo de la vida que lo ataba a su mundo, a su obra. En una ocasión, después de un ataque sobrevenido durante la redacción de *Los demonios*, se da cuenta con horror de que ya no recuerda nada de lo que ocurría en el libro y que él había inventado, ni siquiera el nombre del protagonista. A duras penas consigue familiarizarse de nuevo con el personaje, con voluntad de hierro vuelve a encender la llama de las visiones desvanecidas, hasta que... hasta que un nuevo ataque lo derrumba. Y así, con el horror de la epilepsia acechándolo y con el amargo resabio de la muerte en los labios, acuciado por la penuria y las privaciones, nacen sus últimas y más grandiosas novelas. Caminando como un sonámbulo por la maroma entre la muerte y la locura, su actividad creadora crece con más pujanza todavía, y de este constante morir el siempre de nuevo resucitado saca la fuerza demoníaca necesaria para aferrarse con avidez a la vida y arrancarle el máximo de poder y pasión.

El genio de Dostoievski debe tanto a esta enfermedad, a esta fatalidad demoníaca (Merezhkovski ha estudiado brillantemente la antítesis) como Tolstói a su salud. Ella lo elevaba a estados de sensaciones concentradas que la sensibilidad normal desconoce, le dotaba de una mirada mágica para contemplar el mundo oculto de los sentimientos y los intersticios de las almas. La grandiosa duplicidad de su ser, ese estado de vela en medio de los sueños más agitados, ese andar espiando del intelecto por los últimos laberintos de los sentimientos, lo capacitó para proporcionar por primera vez una metafísica a los hechos patológicos y describir con plenitud lo que el escalpelo analítico de la ciencia sólo imperfectamente comprueba en el caso clínico después de la muerte. Como Ulises, el viajero, mensajero del Hades, también él, el único que regresa despierto, nos trae la más escrupulosa descripción del mundo de las sombras y las llamas y con su sangre y el frío temblor de sus labios nos da fe de la existencia de estados insospechados entre la vida y la muerte. Gracias a la enfermedad alcanza la cima del arte *d'inventer des sensations inédites*, como lo formuló Stendhal, de representar en toda su exuberancia tropical sentimientos que en todos nosotros anidan en germen, pero que no llegan a madurar del todo sólo a causa del clima frío de nuestra sangre. El fino oído del enfermo le permite escuchar las últimas palabras del alma antes de caer en el delirio; su fina sensibilidad, agudizada además por la enfermedad, capta las más tenues vibraciones de los sentidos, y una perspicacia mística, en los segundos del presentimiento, pone de manifiesto en él las dotes proféticas de la segunda visión, la magia de la ilación. ¡Oh, maravillosa metamorfosis, fecunda en todas las crisis del corazón! Dostoievski, el artista, siempre ve la cara positiva del peligro y Dostoievski, el hombre, también se hace más grande al adquirir una nueva dimensión. Pues para él, placer y dolor, los dos extremos del sentimiento, significan grados de intensidad desiguales que no mide con los valores normales de la vida del hombre medio, sino con el grado de ebullición de su propio frenesí. El máximo de dicha para otros es disfrutar de un paisaje, poseer a una mujer, sentir la armonía, pero siempre se trata de una posesión concedida a través de estados terrenales. En Dostoievski los puntos de ebullición de las sensaciones llegan ya a lo insoportable, lo fatal. Su goce es espasmo, convulsión y espuma; su tormento es la destrucción, el colapso, el quebranto: pero siempre son estados esenciales, comprimidos con la velocidad del rayo que en lo terrenal no durarían y que alcanzan tal grado de calor, que apenas puede tenerlos un segundo en las manos y debe soltarlos a causa del dolor. Quien vive constantemente la muerte en vida conoce un terror mucho mayor y más primitivo que cualquier otro hombre; quien ha vivido la sensación de volar sin cuerpo conoce un placer mayor que el de un cuerpo que nunca ha perdido el contacto con tierra firme. Su concepto de dicha es el éxtasis; el de martirio, la aniquilación. Por eso la dicha de sus personajes tampoco tiene nada de alegría exaltada, sino que centellea y arde como el fuego, tiembla de lágrimas contenidas y de la angustia del peligro; es un estado insoportable, insostenible, más un sufrimiento que un placer. Su tormento, por otra parte, tiene algo que ya ha superado el estado vulgar de angustia confusa y asfixiante, de angustia y de terror: es una claridad glacial, casi risueña, una avidez demoníaca de amargura que no conoce las lágrimas, una risa estentórea y seca, sarcástica y diabólica que a su vez contiene ya casi placer. Nunca antes de él había sido tan profunda esta polarización de los sentimientos, nunca el mundo se había sentido tan dolorosamente tenso entre estos dos nuevos polos del éxtasis y del anonadamiento que Dostoievski situó más allá de toda medida conocida de goce y de dolor.

Desde esta polaridad impregnó su destino, y sólo desde ella se puede comprender a Dostoievski. Víctima de una vida escindida, es fanático de su contraste, pues acepta apasionadamente su destino. El fuego abrasador de su temperamento artístico procede tan sólo del continuo roce de estos contrastes y su desmesura en vez de unir separa cada vez más la desavenencia innata en él entre cielo e infierno: en medio de la ardiente fiebre del espíritu creador nunca se cierra la herida abierta. El Dostoievski artista es el producto contradictorio más perfecto, el mayor dualista, del arte y quizá de la Humanidad. Uno de sus vicios simboliza en forma visible esta voluntad primigenia de su vida: su enfermiza afición al juego. Ya de niño fue un apasionado jugador de cartas, pero fue en Europa donde conoció el espejo diabólico de sus nervios: el rojo y el negro, la ruleta, ese juego tan tremendamente peligroso en su dualismo primitivo. La mesa verde de Baden-Baden y la casa de juego de Montecarlo son sus mayores éxtasis en Europa: hipnotizan sus nervios más que la Madona Sixtina, las esculturas de Miguel Ángel, los paisajes del sur o el arte y la cultura del mundo entero. Pues aquí la emoción y la decisión—negro o rojo, pares o impares, suerte o aniquilación, ganancia o pérdida—se concentran en un solo segundo de la rueda que gira, la tensión se comprime en esa antinomia a la vez dolorosa y placentera que salta como un rayo y es la única que satisface su carácter. Las transiciones suaves, los empates y los matices de gris son insoportables para su impaciencia febril; no le gusta ganar dinero a la alemana, «como un salchichero», con prudencia, ahorro y cálculo; a él lo estimula el azar, la entrega al todo. La voluntad, ante el tapete verde, imita en un desafío constante, consciente e inconsciente a la vez, la forma exterior de su destino: la abreviatura de las sensaciones en un solo segundo, la sensación agudizada al máximo hasta que clava sus ardientes uñas en los nervios, el misterioso parecido con los segundos de presentimiento y caída del rayo epiléptico y con los inolvidables segundos de la plaza Semiónovskaia. Si antes el Destino jugaba con él, ahora juega él con el Destino: incita al azar a tensiones artísticas y cuando se siente seguro arroja con mano temblorosa toda su existencia sobre el tapete verde. Dostoievski no juega por afán de dinero, sino por un afán de vida a lo Karamázov, increíblemente «indecente», que lo quiere todo en sus esencias más fuertes, por un deseo enfermizo de vértigo, la «sensación de las alturas», el placer de asomarse al abismo. Porque él ama el abismo, la profundidad de la vida, lo demoníaco del azar, ama con fanática humildad los poderes que son más fuertes que su propia fuerza y atrae una y otra vez sobre su cabeza con eternos estímulos su rayo fatal. Dostoievski provoca al Destino con el juego: lo que pone sobre el tapete no es sólo dinero, y siempre su último dinero, sino también toda su vida; y lo que gana es una enorme excitación nerviosa, un miedo mortal, pánico, un sentimiento cósmico demoníaco. Incluso en el veneno dorado Dostoievski no ha bebido sino nueva sed de lo divino.

Naturalmente llevó esta pasión, como todas las demás, hasta la desmesura, hasta el último extremo, hasta el vicio. Para este temperamento titánico palabras como continencia, prudencia o reflexión eran desconocidas: «Toda mi vida he excedido los límites en todo y por doquier.» Y este traspasar los límites es su grandeza de artista, así como su peligro como hombre: no se detiene ante las vallas de la moral burguesa y nadie puede decir con precisión hasta qué punto transgredió en su vida las fronteras jurídicas, hasta qué punto los instintos criminales de sus héroes se hicieron realidad en él mismo. Algo de ello nos consta, pero muy poco. De niño hacía trampas jugando a las cartas, y así como su trágico loco Marmeládov en *Crimen y castigo* roba las medias a su mujer para comprar aguardiente, también Dostoievski robó dinero a la suya y un vestido del armario para perderlo en la ruleta. Los biógrafos no se atreven a debatir hasta qué punto de perversidad llegaron los agitados excesos libertinos de sus «años del subsuelo», qué parte de las «arañas de la voluptuosidad»—Svidrigáilov, Stavroguin y Fiódor Karamázov—se exteriorizó también en sus aberraciones sexuales. En cualquier caso, sus inclinaciones y perversidades tienen también sus raíces en la misteriosa avidez de contraste entre depravación e inocencia, pero no es esencial debatir esas leyendas y conjeturas (por reveladoras que sean). En cambio, es importante no olvidar que el salvador, el santo, el Aliosha del Dostoievski-Karamázov era de la misma sangre que su contrario, el hombre lascivo y sexualmente exaltado, el sucio Fiódor.

Sólo una cosa es cierta: en su sensualidad Dostoievski transgredió también la medida burguesa y no en el sentido moderado de Goethe, quien dijo una vez en una famosa frase que sentía vivir en sí todos los gérmenes de la depravación y el crimen. Pues toda la vida de Goethe es un esfuerzo único y formidable por erradicar de su interior estas semillas que crecían amenazadoras. El olímpico aspira a la armonía, su anhelo más grande es eliminar todos los contrastes, enfriar la sangre, calmar y mantener en suspenso las fuerzas. Castra su sensualidad, por amor a la moral extirpa poco a poco todos los brotes peligrosos con una enorme pérdida de sangre para su arte y de todos modos destruyendo con ellos gran parte de su fuerza. Dostoievski, en cambio, apasionado en su dualismo como en todo lo que le cabe en suerte en la vida, no quiere llegar a la armonía, que para él es inmovilidad, no anuda sus contradicciones en lo armónico-divino, sino que las separa y las extiende hasta Dios y el diablo y entre los dos sitúa el mundo. Quiere una vida infinita. Y la vida sólo es para él una descarga eléctrica entre los polos del contraste. Todos los gérmenes que llevaba dentro, los buenos y los malos, los peligrosos y los propicios, todos deben crecer y convertirse, gracias a su pasión tropical, en flor y fruto. Deja que sus vicios proliferen como hierbas silvestres, que sus instintos, incluso los criminales, galopen por la vida sin traba alguna. Ama sus vicios, su enfermedad, el juego, la maldad e incluso la voluptuosidad, porque es una metafísica de la carne, una voluntad de gozar hasta lo infinito. Goethe aspira al ideal apolíneo de la antigüedad; Dostoievski, al báquico. No quiere ser olímpico, semejante a los dioses, sino sólo un hombre fuerte. Su moral no se basa en el clasicismo, en una norma, sino únicamente en la intensidad. Vivir correctamente significa para él vivir intensamente y vivirlo todo, lo bueno y lo malo a la vez, y en sus formas más intensas y embriagadoras. Por eso Dostoievski nunca buscó una norma, sino sólo y siempre la plenitud. A su lado aparece Tolstói sosegado en medio de su obra, se detiene, abandona el arte y se atormenta toda la vida, pensando en el bien y en el mal, pensando en si vive como debiera o no. Por eso la vida de Tolstói es didáctica, un manual, un panfleto; la de Dostoievski, una obra de arte, una tragedia, un destino. Dostoievski no actúa por conveniencia, conscientemente, no se prueba a sí mismo, simplemente forja su fuerza. Tolstói se acusa de todos los pecados mortales en voz alta y ante todo el mundo. Dostoievski calla, pero su silencio dice más de Sodoma que todas las acusaciones de Tolstói. Dostoievski no busca una condena, no quiere cambiar ni mejorar, sino siempre una sola cosa: forjar su fuerza. No opone resistencia a lo malo y lo peligroso de su naturaleza; al contrario, ama el peligro como estímulo, adora la culpa por amor del arrepentimiento, el orgullo por amor de la humildad. Sería pueril, pues, silenciar el lado demoníaco de su ser (tan emparentado con el divino), «disculparlo» moralmente y salvar para la pequeña armonía de la medida burguesa lo que tiene la belleza elemental de la desmesura.

Quien creó a Karamázov, a la figura del estudiante de *El adolescente*, al Stavroguin de *Los demonios*, al Svidrigáilov de *Crimen y castigo*, esos fanáticos de la carne, esos grandes posesos de la voluptuosidad, esos sabios maestros de la lascivia, conoció también personalmente en su vida las formas más viles de sensualidad, pues se requiere un amor espiritual por el libertinaje para dotar a esos personajes de su cruel realidad. Su sensibilidad incomparable conoció el erotismo en su doble sentido, el de la embriaguez de la carne, que se revuelve en el fango y se convierte en lascivia, hasta descender a los abismos espirituales más refinados, donde toma forma de maldad y de crimen; la conoció bajo todas sus máscaras y en su frenesí sonríe con la más entendida de las miradas. Y también la conoció bajo sus formas más nobles, en las que el amor se desprende de la carne, se hace compasión, misericordia, hermandad universal y lágrimas. Todas estas enigmáticas esencias vivían en él y no sólo en fugaces vestigios químicos, como en todo verdadero escritor, sino en los extractos más fuertes y puros.

Cada uno de sus excesos es descrito en sus obras con excitación sexual y una perceptible vibración de los sentidos, y buena parte de ellos seguramente vivida con placer. Con ello no quiero decir (como podrían pensar los que no son de la misma sangre) que Dostoievski fuera un libertino, alguien que se deleitara en lo carnal, un calavera. Simplemente buscaba el placer tanto como el tormento, siervo del instinto, esclavo de una imperiosa curiosidad corporal y espiritual que lo fustigaba y lo empujaba al peligro, a las zarzas de caminos extraviados. Su placer tampoco era un goce banal, sino un juego en el que apostaba toda la fuerza de los sentidos para experimentar una y otra vez el enigmático y tormentoso bochorno de la epilepsia, la concentración de sensaciones en unos tensos segundos de peligroso preludio de placer y luego la caída abúlica en el arrepentimiento. En el placer sólo ama el centelleo del peligro, el juego de los nervios, lo que hay de natural en su propio cuerpo; con una rara mezcla de conciencia y vago sentimiento de pudor busca en todos los placeres la contrapartida, el poso de la contrición, la inocencia en la deshonra, el peligro en el crimen. La sensualidad de Dostoievski es un laberinto en el que se entrelazan todos los caminos, Dios y la bestia comparten la misma carne, y en este sentido se comprende el simbolismo de los Karamázov, a saber: que Aliosha, el ángel, el santo, es precisamente hijo de Fiódor, la cruel «araña de la voluptuosidad». La voluptuosidad engendra la pureza; el crimen, la grandeza; el placer, el dolor, y el dolor, un nuevo placer. Los extremos siempre se tocan: el mundo de Dostoievski se extiende entre el cielo y el infierno, Dios y el diablo.

Así, el último y único secreto de Dostoievski, la fuente de fuego de sus éxtasis de la que emanan sus creaciones, es el abandono sin límites y sin tregua, sin defensas pero con conocimiento, a su destino dual. Precisamente porque le fue dada una vida tan llena, porque se le abrieron en el dolor infinitos horizontes de sensaciones, amó la vida, una vida atroz y afable, divina e incomprensible, eternamente inaprensible y eternamente mística. Pues su medida es la plenitud, el infinito. Nunca en su vida quiso que aflojara el embate de las olas, sino que sólo para él fuera más concentrado e intenso, y por eso nunca esquivó los peligros, tanto interiores como exteriores, porque al fin y al cabo eran posibilidades de sensaciones, incitaciones para los nervios. A fuerza de entusiasmo y de éxtasis hizo crecer todo cuanto estaba en germen en su interior, el germen del bien y el del mal, los vicios y las pasiones, no extirpó ningún peligro de su sangre a sabiendas. Sin descanso, el jugador que llevaba dentro se entregó como envite al apasionante juego de las fuerzas, pues sólo en el girar del rojo y el negro, muerte o vida, experimentaba con dulce vértigo toda la voluptuosidad de su existencia. «Tú me has metido y tú me sacarás», es, con Goethe, su respuesta a la naturaleza. Jamás se le ocurre *corriger la fortune*, mejorar la suerte, esquivar el destino, hacerlo flaquear. Jamás buscó la consumación, el remate, el descanso final, sino sólo intensificar la vida en el dolor; pujó cada vez más alto para llevar sus sentidos a nuevas tensiones, pues no era a él mismo a quien quería ganarse, sino la suma más alta de sensaciones. No quiere, como Goethe, cristalizarse, reflejar fríamente con cien caras el agitado caos, sino permanecer como una llama, autodevorándose, consumiéndose todos los días para elevarse de nuevo todos los días, repitiéndose eternamente, pero siempre con acrecentada fuerza y alimentándose del contraste cada vez más marcado. No quiere señorear la vida, sino sentirla. No ser el dueño de su destino, sino su fanático esclavo. Y sólo así, como «siervo de Dios», el más abnegado de todos, pudo llegar a ser el más sabio conocedor de todo lo humano.

Dostoievski restituyó al Destino el señorío sobre su destino: gracias a esto su vida adquiere poder sobre los azares del tiempo. Es un hombre demoníaco, sometido a las fuerzas eternas, y en su persona renace, bajo la clara luz de los documentos de que disponemos, el poeta de los tiempos místicos que ya se creía olvidado, el visionario, el gran loco, el hombre del Destino. Hay algo de primitivo y heroico en esta figura de titán. Si otras obras literarias se alzan como montañas floridas por encima de las llanuras de la época, todavía testigos de una fuerza creadora primigenia, pero suavizadas ya con el tiempo y accesibles hasta sus cumbres coronadas de nieve que llegan al infinito, el punto culminante de la obra de Dostoievski parece una piedra volcánica y estéril, fantástica y gris. Pero del cráter de su pecho desgarrado salen los rescoldos que inundan de lava el núcleo más recóndito de nuestro mundo: aquí aún existen nexos con el principio de todos los principios, con la fuerza primitiva elemental, y con un escalofrío descubrimos en su obra y su destino la misteriosa hondura de toda la humanidad.

LOS PERSONAJES DE DOSTOIEVSKI

Oh, no creáis en la unidad del hombre.

DOSTOIEVSKI

Volcánico él mismo, volcánicos tenían que ser sus héroes, pues en último término cada hombre da testimonio sólo del dios que lo creó. No aceptan pacíficamente su lugar en nuestro mundo, por doquier descienden con su sensibilidad hasta los problemas prístinos. El hombre nervioso de hoy que llevan dentro está emparejado con el ser del principio, que nada sabe de la vida fuera de su pasión y, junto con los últimos conocimientos, balbucea las primeras preguntas del mundo. Sus moldes todavía no se han enfriado, sus rocas no se han estratificado ni se han pulido sus fisonomías. Son eternamente incompletos y, por tanto, están doblemente vivos. Pues el hombre perfecto es a la vez el hombre acabado y en Dostoievski todo tiende hacia lo infinito. Los hombres le parecen héroes y dignos de ser moldeados artísticamente sólo en tanto que se desavienen con ellos mismos, en tanto que son naturalezas problemáticas: como hace el árbol con los frutos, Dostoievski sacude los personajes acabados, maduros. Ama a sus personajes sólo mientras sufren, mientras poseen la forma sublimada y discrepante de su propio destino, mientras son un caos que quiere convertirse en Destino.

Coloquemos a sus héroes ante otro cuadro para comprender mejor su maravillosa singularidad. Comparémoslos. Si recordamos a un héroe de Balzac como típico de la novela francesa, de modo inconsciente nos representamos una imagen de lo rectilíneo, de lo cerrado e internamente acabado. Un concepto claro y sujeto a leyes como una figura geométrica. Todos los personajes de Balzac están hechos de una misma sustancia que la química del alma puede analizar con toda exactitud. Siendo elementos puros, poseen todas las propiedades esenciales que como tales les corresponden, por tanto también las formas típicas de reacción en el plano moral y en el psíquico. Apenas si son hombres ya, sino casi propiedades hechas hombre, máquinas de precisión de una pasión. Al lado de cada nombre que aparece en Balzac se puede colocar una propiedad correlativa: Rastignac es sinónimo de ambición; Goriot, de sacrificio; Vautrin, de anarquía. En cada uno de estos hombres una fuerza motriz dominante absorbe todas las demás fuerzas interiores y las impulsa en la dirección que marca la voluntad central de vivir. Estos héroes se pueden clasificar por categorías, pues sus almas llevan incorporado un único resorte que con una determinada cantidad de energía los impulsa a través de la sociedad: lanza como proyectiles en medio de la vida a esos jóvenes. Exagerando el sentido, uno se siente tentado de llamarlos autómatas por la precisión con que reaccionan a cualquier estímulo vital, y en realidad son como máquinas en su despliegue de fuerzas, y en su resistencia, factores que un técnico podría calcular. Quien esté algo familiarizado con Balzac puede prever la respuesta de un personaje a determinados hechos, igual que se calcula la parábola de una piedra lanzada por su peso y la fuerza del lanzamiento. Grandet, el Harpagón, será más avaro a medida que su hija se manifieste más heroica y dispuesta al sacrificio. Y se sabe que Goriot, en los momentos en que vive todavía en soportable prosperidad y lleva la peluca cuidadosamente empolvada, venderá su chaleco por su hija y romperá la vajilla de plata, su última posesión. Tiene que actuar así por fuerza, por coherencia con su carácter, por el impulso que reviste imperfectamente su carne terrenal de forma humana. Los caracteres de Balzac (y también los de Victor Hugo, Scott y Dickens) son todos primitivos, homogéneos y consecuentes. Son unidades y por tanto mensurables en la balanza de la moral. En cada uno de sus cosmos sólo el azar al que se enfrentan es polícromo y multiforme. En estos novelistas épicos la vida es abigarrada, el hombre es la unidad y la novela como tal es la lucha por el poder frente a las fuerzas terrenales. Los héroes de Balzac y de toda la novelística francesa son o más fuertes o más débiles que la resistencia de la sociedad. Triunfan sobre la vida o caen bajo sus ruedas.

El héroe de la novela alemana (pensemos, por ejemplo, en Wilhelm Meister o en Enrique el Verde) ya no está tan seguro de su dirección fundamental. Alberga muchas voces, está psicológicamente diferenciado, es anímicamente polífono. El bien y el mal, la fuerza y la debilidad, se mezclan de manera confusa en su alma: su origen es confusión, y la niebla del amanecer enturbia su límpida mirada. Siente que nacen fuerzas en su interior, pero todavía dispersas, todavía en conflicto; carece de armonía, pero lo anima el anhelo de unidad. El genio alemán aspira siempre al orden en último término. Y todas las novelas educativas alemanas no desarrollan otra cosa en sus héroes que la personalidad. Haciendo acopio de sus fuerzas, el hombre se eleva al ideal alemán, se hace apto, «el carácter se forma en la corriente del mundo», en palabras de Goethe. Los elementos mezclados y agitados por la vida, una vez conquistada la calma, se clarifican y se convierten en cristal; de los años de aprendizaje sale el maestro y desde la última página de todos estos libros, *Enrique el Verde*, *Hiperion*, *Wilhelm Meister*, *Ofterdingen*, una mirada clara contempla resuelta el claro mundo. La vida se concilia con el ideal; las fuerzas ahora ordenadas ya no se derrochan caóticamente, sino que se ahorran para alcanzar la meta suprema. Los héroes de Goethe y de todos los alemanes se realizan en su forma suprema, se vuelven activos y capaces: aprenden de las experiencias de la vida.

Los héroes de Dostoievski, en cambio, no buscan ni encuentran relación alguna con la vida real: ésta es su singularidad. No quieren en absoluto entrar en la realidad, sino pasar por encima de ella desde el principio para llegar al infinito. Su destino no tiene una existencia exterior, sino sólo interior. Su reino no es de este mundo. Para ellos todas las formas aparentes de valores, títulos, dinero y poder, todas las posesiones visibles, no tienen valor ni son un fin en sí mismas, como en Balzac, ni un medio para alcanzarlas, como en los alemanes. No quieren en absoluto imponerse, afirmarse ni acomodarse en este mundo. No se reservan, sino que se disipan; no calculan y permanecen eternamente incalculables. La ineptitud de su ser hace que a primera vista se los tenga por soñadores ociosos y extravagantes, pero su mirada parece vacía sólo porque no se dirige hacia fuera, sino que se vuelve con fuego y llamas hacia su interior, hacia su propia existencia. El hombre ruso tiende al todo. Quiere sentirse a sí mismo y sentir la vida, pero no su sombra ni su reflejo, no la realidad exterior, sino lo grande y místicamente elemental, el poder cósmico, el sentimiento de existir. Dondequiera que ahondemos en la obra de Dostoievski, oímos murmurar como un manantial subterráneo este afán de vida totalmente primitivo, fanático y casi vegetativo, este sentimiento vital, este anhelo ancestral, que no quiere dicha ni dolor, que ya son formas particulares de la vida, valoraciones, distinciones, sino el goce total y completo como el que se experimenta al respirar. Quieren beber de la fuente primera, no de los pozos de calles y ciudades, quieren sentir la eternidad, lo infinito y desprenderse de la temporalidad. Sólo conocen un mundo eterno, no el mundo social. No quieren aprender ni vencer la vida; por decirlo así, aspiran a sentirla en sus carnes desnudas y como éxtasis de la existencia.

Ajenos al mundo por amor al mundo, irreales por su pasión por la realidad, los personajes de Dostoievski parecen al principio algo ingenuos. No siguen un rumbo fijo, no tienen un objetivo evidente: estos hombres ya maduros van por el mundo a tientas como ciegos o borrachos. Se detienen, miran a su alrededor, hacen todo tipo de preguntas y siguen corriendo sin respuestas hacia lo desconocido; parece que acaban de entrar en nuestro mundo y todavía no se han aclimatado a él. Y apenas comprendemos a estos hombres de Dostoievski, no nos damos cuenta de que son rusos, hijos de un pueblo que, viniendo de una inconsciencia bárbara milenaria, cayó en medio de nuestra cultura europea. Arrancados de la vieja cultura patriarcal, no familiarizados todavía con la nueva, están en medio, en una encrucijada, y la inseguridad del individuo es la de todo un pueblo. Los europeos vivimos en nuestra vieja tradición como en una casa cálida y acogedora. El ruso del siglo xix, el de la época de Dostoievski, ha quemado tras de sí la cabaña de madera de la prehistoria bárbara sin haber construido todavía su nueva casa. Todos son desarraigados, sin dirección fija. Todavía tienen en los puños la fuerza de la juventud, la fuerza de los bárbaros, pero su instinto se halla desconcertado por mil problemas: las manos llenas de fuerza no saben por dónde empezar. Lo agarran todo y nunca tienen bastante. Aquí sentimos la tragedia de todos los personajes de Dostoievski, todos los dilemas y los obstáculos que emanan del destino de todo un pueblo. Esta Rusia de mediados del siglo xix no sabe adónde va: hacia Occidente o hacia Oriente, hacia Europa o hacia Asia, no sabe si dirigirse hacia San Petersburgo, la «ciudad artística», hacia la cultura, o regresar a la labranza, a la estepa. Turguéniev la empuja hacia delante; Tolstói, hacia atrás. Todo es desasosiego. De repente el zarismo se encuentra enfrentado a una anarquía comunista, la ortodoxia secular y tradicional da un salto brusco hacia un ateísmo fanático y furioso. Nada es estable, nada tiene valor ni medida en esta época: las estrellas de la fe ya no brillan sobre las cabezas y la ley hace tiempo que no habita los corazones. Desarraigados de una gran tradición, los hombres de Dostoievski son auténticos rusos, hombres de transición que llevan dentro el caos del origen en el pecho y van cargados de inhibiciones e incertidumbres. Siempre temerosos e intimidados, siempre se sienten humillados y ofendidos, y todo por el mismo sentimiento atávico de una nación: el de no saber quiénes son. El de no saber si son mucho o poco. Eternamente basculando entre el orgullo y la contrición, la autoestima y el desprecio de sí mismos; eternamente mirando a los de su alrededor, y todos consumidos por el temor delirante de hacer el ridículo. Constantemente avergonzados, ora de un cuello de piel gastado, ora de toda su nación, pero siempre lo están, siempre están inquietos, desconcertados. Sus sentimientos, avasalladores, no tienen freno ni guía, carecen de medida y de ley, les falta el apoyo de una tradición, la muleta de una visión del mundo heredada. Todos andan desmedidos y perplejos por un mundo desconocido. Ninguna pregunta suya encuentra respuesta, ningún camino les es allanado. Todos son hombres de transición, hombres del comienzo. Todos son un Cortés: a sus espaldas, las naves quemadas; delante, lo desconocido.

Pero es maravilloso que, aun siendo hombres de un comienzo, en cada uno de ellos el mundo empiece de nuevo; que todas las preguntas que en nosotros han quedado convertidas en conceptos fríos y rígidos, a ellos les sigan quemando la sangre; es maravilloso que no conozcan nuestros cómodos y trillados caminos con sus balaustradas morales y sus postes indicadores éticos: siempre y en todas partes se adentran en la maleza hacia la inmensidad y el infinito. No hay campanarios de certeza ni puentes de seguridad: todo es sacrosanto mundo primitivo. Cada individuo cree, como la Rusia de Trotski y Lenin, que debe reconstruir todo el orden mundial, y el mérito extraordinario del hombre ruso para Europa, incrustado en su cultura, es el de una curiosidad insaciable que sigue planteando todas las preguntas de la vida a la infinitud. Es maravilloso que allí donde nos mostramos negligentes en nuestra formación, otros todavía se inflamen. Cada personaje de Dostoievski revisa de nuevo todos los problemas, con manos ensangrentadas remueve los mojones del Bien y del Mal, reconvierte su caos en mundo. Cada uno de ellos es siervo y precursor del nuevo Cristo, mártir y heraldo del Tercer Reino. En ellos perdura el caos del principio, pero también la aurora del primer día, el que creó la luz en la Tierra, y ya vislumbre del sexto, el que crea al nuevo hombre. Los héroes de Dostoievski construyen el camino de un mundo nuevo. La novela de Dostoievski es el mito del hombre nuevo y de su nacimiento del seno del alma rusa.

Pero un mito, sobre todo un mito nacional, pide fe. No pretendamos, pues, comprender a estos hombres a través del cristal de la razón. Sólo el sentimiento, lo único que hermana, es capaz de comprenderlos. Para el *common sense* de un inglés o de un norteamericano los cuatro Karamázov son cuatro locos y todo el mundo trágico de Dostoievski es un manicomio. Pues lo que siempre fue y siempre será alfa y omega para las simples y sanas naturalezas terrenales, a saber: ser feliz, a ellos les parece la cosa más indiferente del mundo. Abrid los cincuenta mil libros que Europa produce todos los años. ¿De qué tratan? De cómo ser feliz. Una mujer quiere a un hombre, o alguien quiere ser rico, poderoso y respetado. En Dickens al final de todos los anhelos se halla la idílica casita en el campo llena de alegres niños. En Balzac, el castillo, el título de par y los millones. Y si miramos a nuestro alrededor, en la calle, en los tenduchos, en los cuchitriles y en las salas iluminadas, ¿qué quiere la gente? Vivir contenta, ser feliz, rica y poderosa. ¿Qué personaje de Dostoievski quiere esto? Ninguno. Ni uno solo. No quieren detenerse en ninguna parte: ni siquiera en la felicidad. Todos quieren proseguir, todos tienen ese «corazón superior» que se atormenta. Les da igual ser felices. Les da igual estar satisfechos. Y esos extravagantes desprecian más que desean ser ricos. No quieren nada de lo que desea nuestra humanidad entera. Poseen el *uncommon sense*. No quieren nada de este mundo.

¿Contentadizos, pues, flemáticos de la vida, indiferentes o ascetas? Todo lo contrario. Los personajes de Dostoievski, ya lo dije, son hombres de un nuevo origen. A pesar de su genialidad y de su entendimiento diamantino, tienen corazón de niño, caprichos de niño: no quieren esto o aquello, sino todo. Y lo quieren todo muy fuerte. Lo bueno y lo malo, lo caliente y lo frío, lo próximo y lo lejano. Son exagerados, desmedidos. He dicho antes que no quieren nada de este mundo. Mal dicho. No quieren nada en particular, sino todo, quieren todo el sentimiento de este mundo, toda su profundidad: la vida. No olvidemos que no son unos blandengues, no son un Lovelace, un Hamlet, un Werther o un René; tienen músculos fuertes y unas ansias brutales de vivir; los hombres de Dostoievski son Karamázov, «fieras de la concupiscencia», dotados de este anhelo de vivir «indecente y fanático» que apura las últimas gotas de la copa antes de estrellarla contra la pared. De todas las cosas buscan el superlativo, el rojo incandescente de la sensación allí donde las aleaciones comunes de lo casual se derriten y no queda más que un sentimiento universal ardiente como la lava; se lanzan a la vida como los locos homicidas afectados de la fiebre de amok, pasan del deseo al arrepentimiento, y de la contrición de nuevo a la acción, del crimen a la confesión y de la confesión al éxtasis, pero recorren todas las callejuelas de su destino hasta el final, hasta que se derrumban, echando espuma por la boca, o hasta que alguien los derriba. ¡Ah, esa sed de vida de todos ellos: toda una joven nación, una nueva humanidad de labios sedientos anhela mundo, saber, verdad! ¡Buscadme y enseñadme un solo personaje de Dostoievski que respire con calma, que descanse tras haber alcanzado la meta! ¡Ninguno! Todos participan en esta vertiginosa carrera hacia las alturas y las profundidades—pues, según lo formuló Aliosha, quien ha pisado el primer peldaño forzosamente ha de aspirar a alcanzar el último—, extienden las manos voraces hacia todas partes, en el hielo y en el fuego, estos hombres insatisfechos y desmedidos que sólo buscan y encuentran su medida en la inmensidad. De la cuerda eternamente tensa de sus fuerzas se disparan como flechas hacia el cielo, siempre en dirección a lo inalcanzable, siempre apuntando a las estrellas, cada uno de ellos hecho una llama, un fuego de inquietud. E inquietud es tormento. Por eso los héroes de Dostoievski son todos unos grandes dolientes. Todos tienen rostros descompuestos, todos viven con fiebre, convulsiones y espasmos. Un gran francés, horrorizado, llamó al mundo de Dostoievski hospital de neurópatas, y realmente ¡qué sombría y fantástica debe de aparecer esta esfera, vista por primera vez desde fuera! Tabernas llenas de vapores de aguardiente, celdas, cuartuchos en casas de suburbios, callejuelas de burdeles y bodegones, y allí, sobre un fondo oscuro de Rembrandt, una turba de figuras extáticas: el asesino, con la sangre de su víctima todavía en las manos levantadas hacia el cielo; el borracho, en medio de las risas de quienes le escuchan; la muchacha de aspecto amarillo, en la penumbra de la callejuela; el niño epiléptico, pidiendo limosna en las esquinas; el séptuplo asesino, en la *kátorga* de Siberia; el jugador, entre los puños de los compinches; Rogozhin, rondando como una fiera la habitación cerrada de su mujer; el ladrón honrado, agonizando en un lecho inmundo. ¡Qué mundo subterráneo de sentimientos, qué infierno de pasiones! ¡Ah, qué trágica humanidad, qué cielo tan ruso, bajo, gris, eternamente crepuscular, sobre estas figuras, qué tinieblas en el corazón y en el paisaje! Campos de infortunio, yermos de desesperación, purgatorio sin gracia ni justicia.

¡Oh, qué oscura, confusa, extraña y hostil resulta a primera vista esta humanidad, este mundo ruso! Parece una tierra anegada de dolor y, como dice el furibundo Iván Karamázov, una tierra «impregnada de lágrimas hasta las entrañas». Pero así como el rostro de Dostoievski aparece a primera vista tétrico, arcilloso, afligido, rústico y humillado, y sin embargo luego el resplandor de su frente, que irradia por encima del abatimiento, ilumina con la fe lo terrenal de sus rasgos, sus profundidades, así también en su obra la luz espiritual atraviesa con sus rayos la sombría materia. El mundo de Dostoievski parece formado sólo de dolor. Y, sin embargo, la suma de todo el dolor de sus personajes sólo aparentemente es mayor que la contenida en obras de otros autores. Pues, criaturas de Dostoievski, todos estos hombres metamorfosean sus sentimientos, los arrastran y exageran de contraste en contraste. Y el sufrimiento, su propio sufrimiento, es muchas veces su mayor felicidad. Hay algo en ellos que se contrapone diametralmente a la voluptuosidad, al placer de la fortuna, y es el placer del dolor, el goce de la angustia: su sufrimiento es a la vez su dicha; se aferran a él con los dientes, lo calientan en su pecho, lo acarician, lo aman con toda su alma. Y sólo si no lo amaran, serían los hombres más desdichados del mundo. Este trueque, este rabioso y frenético trueque de sentimientos en su interior, este eterno cambio de valores en los hombres de Dostoievski, quizá quede mejor explicado con un ejemplo, y escojo uno que se repite bajo mil formas diferentes: el dolor que sufre un hombre a causa de una humillación, real o imaginaria. Alguien, una criatura simple y sencilla, no importa si es un pequeño funcionario o la hija de un general, sufre una ofensa. Se siente herida en su orgullo por una palabra, quizá por una bagatela. Este primer agravio es el sentimiento primario que perturba todo el organismo. La persona sufre. Se siente ofendida, está al acecho, se prepara, toda ella en tensión, y espera... una nueva ofensa. Y llega la segunda ofensa. Así pues, debería producirse una acumulación de dolor, pero, curiosamente, ya no le hace daño. Cierto que el ofendido se queja y grita, pero su queja ya no es sincera, pues ama el agravio. En este «continuo tomar conciencia del oprobio se esconde un placer secreto y perverso». Encuentra una compensación para el orgullo herido: el orgullo del mártir. Y entonces nace en él la sed de nuevas ofensas, cada vez más y más ardiente. El hombre empieza a provocar, exagera, desafía; el sufrimiento es ahora su anhelo, su afán, su placer: puesto que lo han envilecido, este hombre sin medida quiere ser vil y mezquino. Y ya no se desprende de su dolor, lo agarra con los dientes apretados: quien se compadezca de él, quien lo ame, será ahora su enemigo. He aquí por qué la pequeña Nelly lanza tres veces los polvos a la cara del médico, por qué Raskólnikov rechaza a Sonia, Iliusha muerde el dedo del piadoso Aliosha: por amor, por un amor fanático a su sufrimiento. Y todos, todos aman el sufrimiento porque en él sienten intensamente la vida, la amada vida, porque saben que «en este mundo sólo se ama de verdad a través del dolor», ¡y esto es lo que quieren sobre todo! La prueba más concluyente de que existen no es *cogito, ergo sum*, sino «sufro, luego existo». Y este «existo» es en Dostoievski y en todos sus personajes el mayor triunfo de la vida. El grado superlativo del sentimiento del mundo. En la cárcel Dmitri canta jubiloso el gran himno a ese «existo», al deleite de existir, y precisamente por este amor a la vida todos necesitan el dolor. Por eso sólo en apariencia, he dicho, la suma de sufrimientos es mayor en Dostoievski que en todos los demás autores. Pues, si hay un mundo en el que nada sea inexorable, en el que todo abismo tenga siquiera una salida, todo infortunio un éxtasis y toda desesperación contenga aún esperanza, éste es el suyo. ¿Qué es su obra sino una serie de historias de apóstoles modernos, leyendas sobre la redención del dolor por el espíritu, de conversiones a la fe en la vida, de caminos del calvario que llevan al conocimiento, de caminos de Damasco a través de nuestro mundo?

En la obra de Dostoievski el hombre lucha por su verdad postrema, por su yo universal. Que se produzca un asesinato o que una mujer se abrase de amor, todo esto carece de importancia, son cosas marginales, bastidores de la escena. Sus novelas se desarrollan en el fondo del hombre, en la estancia del alma, en el mundo del espíritu: los incidentes, los sucesos, los lances de fortuna de la vida exterior sólo son voces guía, tramoya, el marco escénico. La tragedia es siempre interior. Y siempre significa: superación de los obstáculos, lucha por la verdad. Cada uno de sus héroes se pregunta como la misma Rusia: ¿Quién soy? ¿Qué valgo? Se busca a sí mismo o más bien busca el grado superlativo de su ser fuera de la tierra firme, fuera del espacio y del tiempo. Quiere conocerse como el hombre que es ante Dios y quiere declararse como tal. Pues para los hombres de Dostoievski la verdad es más que necesidad, es un exceso, un placer voluptuoso, y la confesión es su goce más sagrado, su espasmo. En la confesión el hombre interior de las obras dostoievskianas, el hombre universal, el hombre divino, rompe al hombre terrenal y la verdad, que es Dios, traspasa su existencia carnal. Oh, con qué voluptuosidad juegan con la confesión, cómo la esconden y —Raskólnikov ante Porfiri Petróvich— la muestran disimuladamente para volver a ocultarla. Y luego, de nuevo, cómo se desgañitan y confiesan más verdad de la que hay, cómo descubren su desnudez en un arrebato exhibicionista, cómo mezclan vicio y virtud: aquí, y sólo aquí, en la lucha por el verdadero yo, se encuentra la auténtica tensión dramática de Dostoievski. Aquí, en lo más profundo, se libra la gran batalla de sus hombres, tienen lugar las imponentes epopeyas del corazón: aquí, donde se agota todo lo que en ellos hay de ruso y de extraño, aquí es donde su tragedia se convierte también en la nuestra, en la de todos los hombres. Aquí se hace visible y estremecedor el destino típico de sus personajes, y en el misterio del autoalumbramiento vivimos plenamente el mito dostoievskiano del hombre nuevo, del hombre universal en el terrenal.

El misterio del autoalumbramiento: así llamo a la creación del hombre nuevo en la cosmogonía de Dostoievski. Y quisiera intentar contar la historia de todos sus caracteres compendiándola en uno solo, como mito; pues todos estos cientos de hombres heterogéneos en último término tienen un solo y único destino. Sus vidas son variaciones de una única experiencia: hacerse hombre. No olvidemos que el arte de Dostoievski apunta siempre al centro y en psicología, por tanto, al hombre en el hombre, al hombre absoluto, abstracto, que está mucho más allá de las estratificaciones culturales. Para la mayoría de artistas las estratificaciones todavía son esenciales, los acontecimientos de la inmensa mayoría de novelas se desarrollan en la esfera social, erótica y convencional y se quedan en estos estratos. Puesto que se dirige al centro, Dostoievski penetra en el hombre hasta llegar al hombre universal, al yo común a todos. Siempre moldea este último hombre y siempre, de forma parecida, configura su misión. El comienzo es el mismo para todos sus héroes. Como auténticos rusos, les preocupa su vitalidad. En los años de pubertad, del despertar de los sentidos y del espíritu, se ensombrece su mente serena y libre. Sienten vagamente que una fuerza hierve en su interior, un impulso misterioso; algo que llevan encerrado, que crece y brota, pugna por salir de sus ropas todavía infantiles. Un misterioso embarazo (en su interior germina el hombre nuevo, pero ellos no lo saben) los hace soñadores. Se sientan «solitarios hasta el embrutecimiento» en un rincón solitario de un cuarto oscuro y reflexionan, reflexionan día y noche, sobre sí mismos. A menudo pasan años incubando en este extraño estado de ataraxia, permanecen en esta inmovilidad anímica casi budista, se doblan sobre su cuerpo como las mujeres en los primeros meses de gestación para escuchar los latidos de ese segundo corazón que palpita en sus entrañas. Experimentan todos los misteriosos estados por los que pasa la mujer embarazada: el miedo histérico a la muerte, el horror a la vida, antojos crueles y enfermizos, deseos sensuales y perversos.

Finalmente saben que han sido fecundados por una idea nueva y desde entonces tratan de descubrir el misterio. Aguzan sus pensamientos hasta hacerlos afilados y cortantes como instrumentos quirúrgicos, examinan escrupulosamente el estado en que se encuentran, hablan hasta la saciedad de su aflicción en fanáticas conversaciones, se queman el cerebro de tanto pensar, hasta que los amenazan las llamas de la locura; todos ellos forjan sus pensamientos en una idea fija que exprimen hasta el final, hasta convertirla en una peligrosa punta que en sus manos se vuelve contra ellos mismos. Kirílov, Shátov, Raskólnikov, Iván Karamázov, todos estos solitarios tienen «su» idea, la del nihilismo, la del altruismo, la del delirio napoleónico de grandeza, y todos la han incubado en su soledad enfermiza. Quieren un arma contra el nuevo hombre que nacerá de ellos, pues su orgullo quiere defenderse contra él, oprimirlo. Otros tratan de acelerar con los sentidos espoleados esta misteriosa germinación, este dolor de vida que fermenta y apremia. Y para usar la misma imagen: quieren hacer abortar el fruto, como las mujeres que tratan de liberarse del germen no deseado saltando de unas escaleras, bailando o tomando ponzoñas. Vociferan para acallar este manantial que fluye sin ruido en su interior, a veces se destruyen a sí mismos sólo para destruir este germen. Se pierden deliberadamente durante estos años. Beben, juegan, se vuelven disolutos y todo ello (si no, no serían hombres de Dostoievski) con un fanatismo que llega al delirio. Es el dolor lo que los empuja al vicio, no una concupiscencia indolente. No beben por satisfacción y por el sueño, no beben como un alemán hasta quedar profundamente dormidos, sino para emborracharse y para olvidar su locura; no juegan por dinero, sino para matar el tiempo; se dan al libertinaje no por placer, sino para perder su verdadera medida en los excesos. Quieren saber quiénes son y para ello buscan los límites. En los excesos de calor y frío quieren conocer la frontera extrema de su yo y sobre todo su profundidad. Abrasados en estos placeres ascienden hasta Dios y descienden hasta la bestia, pero siempre para analizar al hombre que llevan dentro. O, puesto que no se conocen, tratan cuando menos de probarse. Kolia se arroja a la vía del tren para «demostrarse a sí mismo» que es valiente; Raskólnikov mata a la anciana para probar su teoría napoleónica, y todos hacen más de lo que realmente quieren sólo para llegar a las fronteras extremas de las sensaciones. Para conocer su propia hondura, la medida de su humanidad, se arrojan a todos los precipicios: de la sensualidad se precipitan al libertinaje, del libertinaje a la crueldad y así hasta el fondo, hasta la maldad fría, desalmada y calculada, pero todo ello por un amor transmutado, por un afán de conocer su propio ser, por una especie de locura religiosa pervertida. De un estado de vela sabia y prudente caen en el torbellino de la locura, su curiosidad intelectual se convierte en perversión de los sentidos, sus crímenes llegan hasta la pederastia y el asesinato, pero lo típico de todos ellos es la superlativa falta de placer en el placer superlativo: la llama de la conciencia tiembla en fanático arrepentimiento hasta en el abismo más profundo de su delirio.

Pero, con cuanta más furia se entregan a los excesos de la sensualidad y del pensamiento, tanto más se acercan a sí mismos, y cuanto antes quieren aniquilarse, más pronto se recuperan. Sus tristes bacanales no son más que espasmos, y sus crímenes, las contracciones de su autoalumbramiento. Su autodestrucción destruye sólo la envoltura del hombre interior y es una autosalvación en el sentido más elevado de la palabra. Cuanto más se contraen, se doblan y se retuercen, tanto más aceleran el parto involuntariamente. Pues sólo en el dolor más punzante puede venir al mundo el nuevo ser. Un poder enorme y extraño tiene que intervenir para liberarlo, convertirse en comadrona en la hora más difícil; el bien tiene que ayudarlo, el amor universal. Hace falta un suceso externo, un crimen que excite sus sentidos hasta la desesperación, para dar a luz la pureza, y aquí como en la vida cada parto está rodeado por la sombra de un peligro mortal. Las dos fuerzas más extremas del patrimonio humano, la vida y la muerte, se entrejuntan estrechamente en este instante.

Así pues, el mito del hombre de Dostoievski consiste en que el yo mixto, múltiple y opaco de cada individuo es fecundado con el germen del hombre verdadero (aquel hombre primigenio del pensamiento de la Edad Media, libre del pecado original), del ser elemental, puramente divino. Nuestra misión suprema y nuestro más auténtico deber en este mundo es dar a luz a este hombre eterno y primitivo de las entrañas perecederas del hombre civilizado. Todos los hombres están fecundados, pues nadie repudia la vida, todo mortal ha sido concebido por ella con amor en un segundo de felicidad, pero no todos alumbran el fruto. En muchos se corrompe por una negligencia anímica, muere y los envenena. Otros, en cambio, mueren en el parto y sólo el hijo, la idea, viene al mundo. Kirílov es uno de los que tienen que matarse para poder realizarse del todo; Shátov es uno de los que tienen que dejarse asesinar para dar testimonio de su verdad.

Pero los demás, los heroicos personajes de Dostoievski, el *stárets* Zósima, Raskólnikov, Stepánovich, Rogozhin, Dmitri Karamázov, aniquilan su yo social, la oscura crisálida de su ser interior, para abandonar volando como mariposas su forma caduca; el ser alado sale del reptil, se eleva de la pesada tierra. Rota la costra que la aprisionaba, el alma, el alma universal, se escapa y vuelve al infinito. En ellos se ha extinguido todo lo personal, todo lo individual, y de ahí el parecido absoluto de todos estos personajes en el momento de su toque final. Apenas hay manera de distinguir a Aliosha del *stárets*, a Karamázov de Raskólnikov, cuando con el rostro bañado en lágrimas salen de sus crímenes para entrar en la luz de la nueva vida. Al final de todas las novelas de Dostoievski está la catarsis de la tragedia griega, la gran purificación: por encima de las nubes amenazadoras y de la atmósfera clarificada resplandece la gloria enaltecedora del arco iris, el símbolo supremo de la expiación para el alma rusa.

Sólo después de haber alumbrado en sí al hombre puro los héroes de Dostoievski entran en la verdadera comunidad. El héroe de Balzac triunfa cuando triunfa sobre la sociedad; el de Dickens, cuando se adapta pacíficamente a la clase social, a la vida burguesa, a la familia y la profesión. La comunidad a la que aspira el héroe de Dostoievski ya no es social, sino religiosa; no anhela la sociedad, sino la fraternidad universal. Y este llegar a la propia interioridad y con ella a la comunidad mística, es la única jerarquía que existe en su obra. Todas sus novelas tratan exclusivamente de este hombre último: en él se ha superado lo social, los estadios intermedios de la sociedad con su mezquino orgullo y sus tortuosos odios, el hombre egocéntrico se convierte en el hombre universal; ha roto su soledad y su aislamiento, que no eran sino orgullo, y con una humildad infinita y un amor ardiente su corazón saluda en los demás al hermano, al hombre puro. Este hombre último, purificado, ya no conoce diferencias ni tiene conciencia de clase social; desnuda como en el Paraíso, su alma no siente vergüenza ni orgullo ni odio ni desprecio; criminales y prostitutas, asesinos y santos, príncipes y borrachos, todos hablan entre ellos en nombre del yo más profundo y verdadero de su vida; todas las capas sociales confluyen entre sí, corazón con corazón, alma con alma. Lo único decisivo en Dostoievski es hasta qué punto cada uno encuentra su verdad y alcanza la verdadera humanidad. No importa cómo se produce esta expiación, esta conquista de sí mismo. Ningún vicio mancha, ningún crimen corrompe, ante Dios no hay otro tribunal que la conciencia. Justicia e injusticia, bien y mal, son palabras que se deshacen en el fuego del dolor. Quien desea la verdad, éste es redimido, pues quien desea la verdad es humilde. Quien lo ha conocido y comprendido todo y sabe que «las leyes del espíritu humano son todavía inescrutables y misteriosas, que no existen médicos infalibles ni jueces inapelables», sabe que nadie es culpable, si no que lo somos todos, que nadie puede ser juez de nadie, sino que todos sólo pueden ser hermanos de todos. Por esta razón, en el cosmos de Dostoievski no hay hombres irremisiblemente depravados, «malvados», no hay infierno ni círculos inferiores como en Dante de los que ni el mismo Cristo puede sacar a los condenados. Sólo conoce purgatorios y sabe que el hombre extraviado es aquel cuya alma más se abrasa y está más cerca del hombre verdadero que los orgullosos, los fríos, los correctos, en cuyo pecho esa verdadera humanidad se ha helado y convertido en legalidad burguesa. Sus hombres verdaderos han sufrido y por eso respetan el dolor y poseen así el secreto postrero de la Tierra. Quien sufre se convierte en hermano a través de la compasión, y todos los hombres de Dostoievski, ya que tienen la mirada puesta sólo en el hombre interior, en el hermano, desconocen el miedo. Todos poseen la sublime facultad, que el escritor en algún momento llama virtud típicamente rusa, de no saber odiar por mucho tiempo y, por lo tanto, una ilimitada capacidad de comprensión de todo lo terrenal. Todavía riñen a menudo entre sí, todavía se atormentan, porque se avergüenzan de su amor, porque consideran que su humildad es una flaqueza y todavía no sospechan que es la fuerza más temible de la Humanidad. Pero su voz interior sabe siempre la verdad. Mientras se insultan y atacan con palabras, con los ojos del alma se miran ya con comprensión y alegría, y los labios besan afligidos la boca hermana. El hombre desnudo, eterno, que vive en ellos se ha reconocido, y este misterio de la reconciliación universal en el reconocimiento mutuo como hermanos, este canto órfico de las almas, es la música lírica en la sombría obra de Dostoievski.

REALISMO Y FANTASÍA

> ¿Qué puede ser para mí
> más fantástico que la realidad?
>
> DOSTOIEVSKI

El hombre de Dostoievski busca la verdad, la realidad inmediata de su ser limitado: la verdad, la esencia inmediata del Todo del propio artista Dostoievski. Él es realista y es tan consecuente—siempre llega hasta el límite más extremo, donde las formas se parecen misteriosamente a su contrario: su réplica—, que esta realidad parece fantasía a la mirada cotidiana, acostumbrada al término medio. «Amo el realismo hasta donde linda con lo fantástico», nos dice él mismo, «pues ¿qué puede ser para mí más fantástico e inesperado, y hasta más inverosímil, que la realidad?» La verdad—y esto en ningún otro autor se revela de manera tan concluyente como en Dostoievski—no se halla tras la verosimilitud, sino en cierto modo frente a ella. Va más allá de la agudeza visual de la mirada común, psicológicamente desarmada: así como en la gota de agua a simple vista se ve una unidad clara y resplandeciente, pero el microscopio descubre en ella una variedad pululante, un caos de miríadas de infusorios, un mundo en el que el ojo sólo descubre una forma única, así también el artista descubre con su mayor realismo verdades que parecen absurdas frente a lo evidente.

Reconocer esta verdad más alta o más profunda, que por decirlo así se esconde muy por debajo de la piel de las cosas y casi tocando el corazón de toda existencia, es la pasión de Dostoievski. Aspira a conocer al hombre a la vez como unidad y como variedad, a simple vista y con lente de aumento, y por eso su realismo visionario y sabedor, que une la potencia del microscopio con la fuerza luminosa del vidente, está separado como por un muro de lo que los franceses llamaron arte realista y naturalismo. Pues, aun cuando Dostoievski en sus análisis es más exacto y va más allá que cualquiera de los que se llamaron a sí mismos «naturalistas consecuentes» (con lo que querían significar que llegaban hasta el final, mientras que Dostoievski traspasa todos los límites), su psicología parte de otra esfera del espíritu creador. El naturalismo exacto de tiempos de Zola procede directamente de la ciencia. Es una psicología experimental invertida, por decirlo así, de algún modo ligada al trabajo y al sudor, al estudio y la experiencia: Flaubert destila en la retorta de su cerebro dos mil volúmenes de la Biblioteca Nacional de París para encontrar el colorido natural de la *Tentación de San Antonio* o de *Salambó*; Zola, antes de escribir sus novelas, corre durante tres meses de un lado para otro, como un reportero con su cuaderno de notas, visita la Bolsa, los bazares y los talleres, para copiar modelos y cazar hechos. Para estos dibujantes del mundo la verdad es una sustancia fría, calculable y manifiesta. Lo ven todo con la mirada alerta, calculadora y ponderada del fotógrafo. Fríos científicos del arte, coleccionan, ordenan, mezclan y destilan elementos aislados de la vida y cultivan una especie de química analítica y sintética.

El proceso de observación de Dostoievski, en cambio, no se puede disociar de lo demoníaco. Si el arte es ciencia para aquéllos, el suyo es nigromancia. No practica la química experimental, sino la alquimia de la realidad; no la astronomía, sino la astrología del alma. No es un investigador frío. Como ardiente alucinado, dirige la mirada hacia las profundidades de la vida como en una pesadilla demoníaca. Y, sin embargo, su versátil visión es más perfecta que la observación sistemática de los otros. No calcula, y, sin embargo, su medida es infalible. Sus diagnósticos de visionario captan el misterioso origen de un fenómeno mientras él todavía arde de fiebre sin siquiera tomarle el pulso. En su saber hay algo de interpretación de los sueños y de clarividencia, y en su arte, algo de magia. Como por encanto penetra la corteza de la vida y se embebe de su savia dulce y fluida. Su mirada siempre procede exclusivamente de las profundidades de su ser sin duda omnisciente, de la médula y el nervio de su naturaleza demoníaca, pero supera a todos los realistas en verosimilitud y realidad. Lo conoce todo místicamente por dentro. Le basta una señal para captar fáusticamente el mundo. Le basta una mirada para convertirla en imagen. No necesita dibujar mucho ni la pesada tarea de bajar a los detalles. Dibuja con magia. Recordemos las grandes figuras de este realista: Raskólnikov, Aliosha y Fiódor Karamázov, Myshkin, a las que tenemos tan presentes en nuestros sentimientos. ¿Dónde los describe? En tres líneas quizás esboza su rostro con una especie de taquigrafía gráfica. Dice de ellos apenas una palabra de acotación, traza sus rostros con cuatro o cinco frase sencillas, eso es todo. La edad, la profesión, la clase social, el vestido, el color del pelo, la fisonomía, todo esto en apariencia tan esencial para la descripción de los personajes lo concentra en breves trazos estenográficos.

Y, sin embargo, cómo sentimos vivir en nuestra sangre a cada una de estas figuras. Comparemos ahora este mágico realismo con la descripción exacta de un naturalista consecuente. Zola, antes de ponerse a trabajar, confecciona un *bordereau* (cuadro sinóptico en forma de lista) de sus figuras, redacta (todavía hoy pueden verse estos curiosos documentos) un acta de filiación en toda regla, un pase para cada personaje que traspase el umbral de la novela. Mide su talla en centímetros, anota las muelas que le faltan, cuenta las verrugas de sus mejillas, repasa su barba de arriba abajo para decir si es áspera o suave, palpa todos los granos de su piel, toca las uñas, conoce la voz y el aliento de sus personajes, investiga su sangre, su herencia y sus taras, consulta su cuenta corriente para conocer sus ingresos. Mide lo que sólo se puede medir desde fuera. Y, sin embargo, apenas los personajes echan a andar, se evapora la unidad de visión, el mosaico artístico se rompe en mil pedazos. Queda algo así como una contingencia psicológica, pero no una persona viva.

He aquí donde falla el arte de los naturalistas franceses: describen con toda exactitud a sus personajes al principio de la novela, cuando todavía están en reposo, casi diríamos durmiendo el sueño de los bienaventurados; por eso sus retratos poseen la inútil fidelidad de la mascarilla. Se ve al muerto, la figura, no la vida en ella. Pero precisamente donde termina este naturalismo empieza el inquietante gran naturalismo de Dostoievski. Sus personajes sólo adquieren plasticidad en las emociones, en las pasiones y en momentos de exaltación. Mientras aquéllos tratan de describir el alma a través del cuerpo, él configura el cuerpo a través del alma: sólo cuando la pasión atiesa y contrae los rasgos de sus hombres, cuando los ojos se humedecen de sentimiento y cae de sus rostros la máscara de la calma burguesa, la rigidez del alma, sólo entonces su imagen se vuelve plástica. Sólo cuando sus hombres están al rojo vivo, Dostoievski, el visionario, pone manos a la obra para forjarlos.

No son casuales, pues, y sí intencionados esos perfiles al principio oscuros y un poco vagos que tienen las primeras descripciones en Dostoievski. El lector entra en sus novelas como en una habitación a oscuras. Sólo ve contornos, oye voces indistintas, sin saber muy bien a quién pertenecen. Sólo poco a poco se acostumbra a la penumbra y la vista se aguza: como en los retratos de Rembrandt, el fino fluido del alma empieza a manar de un profundo crepúsculo y a infundir vida en los personajes. Sólo cuando la pasión los exalta, salen a la luz. En Dostoievski, el hombre tiene siempre que arder para hacerse visible; sus nervios tienen que ponerse en tensión hasta romperse para hacerse oír: «En él el cuerpo se forma alrededor del alma, la imagen alrededor de una pasión.» Sólo entonces, cuando se han encendido y empiezan a tomar ese curioso estado febril—todos los personajes de Dostoievski son estados febriles ambulantes—, comienza su realismo demoníaco, la mágica caza de los detalles, sólo entonces persigue a hurtadillas los movimientos más insignificantes, desentierra la sonrisa, se desliza en las sinuosas madrigueras de sus confusos sentimientos, sigue las huellas de sus pensamientos hasta el reino de las sombras del inconsciente. Entonces cada movimiento se dibuja con plasticidad, cada pensamiento se vuelve cristalino, y cuanto más se implican las almas en la acción dramática, tanto más se ilumina su interior, más transparente se vuelve su ser. Precisamente los estados más inconcebibles, que pertenecen al más allá, los estados patológicos, hipnóticos, extáticos y epilépticos, tienen en Dostoievski la precisión de un diagnóstico clínico, el contorno diáfano de una figura geométrica. Ni el más fino matiz queda vago o borroso a sus sentidos, ninguna oscilación se escapa a su aguda mirada: precisamente donde otros artistas fracasan y, cegados por la luz sobrenatural, apartan la vista, es donde el realismo de Dostoievski se hace más visible. Y estos momentos en que el hombre alcanza los confines extremos de lo posible, en que el saber se convierte casi en desvarío y la pasión en crimen, son también las visiones más inolvidables de su obra. Si evocamos la imagen de Raskólnikov, no lo vemos como una figura caminando por la calle o sentado en una habitación, como estudiante de medicina de veinticinco años, como persona con tales y tales cualidades externas, sino que surge ante nosotros la dramática visión de su pasión extraviada: lo vemos con manos temblorosas, sudor frío en la frente y casi con los ojos cerrados, subiendo furtivamente las escaleras de la casa donde acaba de cometer un asesinato y sumido en misterioso trance, para gozar sensualmente una vez más de su tormento, llamando a la campanilla de latón de la víctima. Vemos a Dmitri Karamázov pasando el purgatorio de los interrogatorios, espumeante de ira, de pasión, rompiendo la mesa con sus terribles puños. Es siempre en los momentos de máxima excitación, en el punto extremo de sus sentimientos, cuando vemos con toda plasticidad a los personajes de Dostoievski. Así como Leonardo dibuja en sus grandiosas caricaturas lo grotesco de los cuerpos, las anomalías físicas allí donde resaltan sobre las formas normales y corrientes, así Dostoievski capta el alma del hombre en el momento de la exaltación, como quien dice en los segundos en que el hombre se asoma por encima del borde de sus posibilidades. Aborrece los estados intermedios, como todo compromiso y toda armonía: sólo lo extraordinario, lo invisible, lo demoníaco excita su pasión artística hasta el realismo más extremo. Es el más incomparable artista plástico de lo descomunal, el gran anatomista del alma sensible y enferma, que el arte ha conocido jamás.

Ahora bien, el instrumento misterioso con que Dostoievski penetra en el fondo de sus hombres es la palabra. Goethe lo describe todo a través de la mirada. Si él es—Wagner ha formulado esta diferencia del modo más afortunado—el tipo visual, Dostoievski es el auditivo. Primero tiene que oír hablar a sus personajes, hacerlos hablar, para que se nos hagan visibles. Merezhkovski lo ha expresado claramente en su genial análisis de ambos escritores rusos: en Tolstói oímos porque vemos; en Dostoievski vemos porque oímos. Sus personajes son sombras y lémures hasta que empiezan a hablar. La palabra es el húmedo rocío que fecunda sus almas: como flores fantásticas, abren su interior, muestran sus colores y el polen de su fertilidad en la conversación. Con la discusión las almas se acaloran, despiertan del sueño, y sólo el hombre despierto, apasionado, ya lo he dicho, es el que interesa a la pasión artística de Dostoievski. Les arranca la palabra del alma para luego captar el alma misma. La psicológica y demoníaca agudeza visual con que Dostoievski aborda los detalles no es en último término sino una insólita fineza auditiva. La literatura universal no conoce imágenes plásticas más perfectas que los dichos y las máximas de los personajes de Dostoievski. El orden de las palabras es simbólico, el lenguaje es característico; nada es casual, cada sílaba entrecortada y cada tono desafinado tienen su razón de ser. Cada pausa, cada repetición, cada respiración y cada balbuceo es importante, pues debajo de cada palabra pronunciada se oyen los sones contenidos: en la conversación se derrama toda la emoción secreta del alma. Por su manera de hablar sabemos de cada personaje dostoievskiano no sólo lo que dice y quiere decir, sino también lo que calla. Y este realismo genial que escucha las almas penetra enteramente los ámbitos más secretos de la palabra, la superficie cenagosa y estancada del desvarío del borracho, el éxtasis alado y jadeante de los ataques epilépticos, la maleza del embrollo engañoso. Del vapor de la palabra enardecida resurge el alma, que cristaliza poco a poco en el cuerpo. Sin que uno mismo lo sepa, con el vaho de la palabra, con el humo de hachís del discurso, empieza a formarse en imagen corpórea la visión del que habla. La imagen que los otros consiguen con laboriosos mosaicos, con el color, el dibujo y las acotaciones, en Dostoievski se va formando como en una visión a partir de la palabra. El lector sueña a los personajes a modo de visión tan pronto como los oye hablar. Dostoievski puede ahorrarse su representación gráfica, pues nosotros mismos nos volvemos visionarios bajo el poder hipnótico de sus palabras. Pondré un ejemplo. En *El idiota*, el viejo general, mitómano, camina al lado del príncipe Myshkin y le cuenta sus recuerdos. Empieza a mentir, va rodando cada vez más abajo por la pendiente de la mentira y acaba completamente enredado en ella. Habla, habla y habla. Su mentira inunda páginas enteras.

Dostoievski no dedica ni una sola línea a describir el porte de este hombre, pero de sus palabras, de sus balbuceos y de su agitación nerviosa puedo imaginarme cómo camina al lado de Myshkin, puedo verlo envuelto en sus mentiras, cómo levanta la vista y mira con cautela y de soslayo al príncipe por si éste malicia algo, cómo se detiene, con la esperanza de que el príncipe lo interrumpa. Veo cómo el sudor perla su frente, cómo su rostro, al principio entusiasmado, se contrae cada vez más de angustia, cómo se encoge, igual que un perro temeroso del palo, y veo al príncipe, que nota los esfuerzos del mentiroso y los contiene. ¿Dónde está esto descrito en Dostoievski? En ninguna parte, ni en una sola línea siquiera y, sin embargo, veo hasta la más pequeña arruga en el rostro de este hombre con apasionada claridad. En algún lugar se halla el arcano del visionario, en las palabras, en el tono, en la colocación de las sílabas, y es tan mágico este arte, que, incluso con el ineludible espesamiento que representa su traducción a otra lengua, sigue vibrando en el lector el alma entera de los personajes de Dostoievski. El carácter entero de cada uno de ellos se halla contenido en el ritmo de su discurso. Y este arte de condensar lo consigue su genial intuición a menudo con un solo detalle, casi con una sola sílaba. Cuando Fiódor Karamázov escribe en el sobre dirigido a Grúshenka al lado de su nombre: «¡Mi dulce pastelito!», vemos el rostro del senil libertino, sus maltrechos dientes, a través de los cuales corre la saliva por unos labios sonrientes de satisfacción. Y cuando en *Apuntes de la casa de los muertos* el sádico comandante golpea con el bastón gritando «¡To-ma! ¡To-ma!», en este minúsculo apóstrofe se revela todo su carácter, una imagen encendida, con los ojos llameantes, el rostro enrojecido, jadeante de un deseo perverso. Estos pequeños detalles realistas de Dostoievski, que se clavan en el sentimiento como anzuelos afilados y lo arrastran sin resistencia a compartir experiencias ajenas, son el recurso artístico más selecto y a la vez el triunfo más grande del realismo intuitivo sobre el naturalismo programático. Dostoievski no se prodiga en absoluto en estos detalles. Utiliza uno allí donde otros aplican cientos, pero economiza estas pequeñas crueldades de la postrema verdad con un refinamiento voluptuoso, nos sorprende con ellas justo en los momentos de éxtasis supremos, cuando menos nos lo esperamos. Siempre vierte con mano inexorable las gotas de hiel terrenales en la copa del éxtasis, pues para él realidad y verdad significan antirromanticismo y antisentimentalismo. No podemos olvidar ni por un segundo que Dostoievski no sólo es prisionero del contraste, sino también su apóstol. Su pasión, tanto en el arte como en la vida, es unir los dos extremos, la realidad más cruel, desnuda, fría y sucia con los sueños más nobles y sublimes. Quiere que en todo lo terrenal sintamos lo divino; en lo realista, lo fantástico; en lo sublime, lo vulgar; en el espíritu puro, la amarga sal de la Tierra, y todo siempre a la vez. Quiere que disfrutemos del contraste, como él mismo lo vive; tampoco aquí quiere armonía ni equilibrio. En todas sus obras hallamos estos cortantes desgarramientos en que con un detalle satánico hace saltar los segundos más sublimes y a lo más sagrado de la vida opone el sarcasmo de su banalidad. Menciono simplemente la tragedia de *El idiota* para poner de relieve uno de estos momentos de contraste. Rogozhin ha asesinado a Nastasia Filípovna y busca a Myshkin, el hermano. Lo encuentra en la calle y lo toca. No necesitan hablarse, una terrible sospecha se lo predice. Cruzan la calle y entran en la casa donde yace la víctima: un increíble presentimiento de grandeza y solemnidad se apodera de uno; todas las esferas resuenan. Los dos enemigos de toda la vida, hermanos en el sentimiento, entran en la habitación de la víctima. Nastasia Filípovna yace muerta. Notamos que los dos hombres van a decirse las últimas palabras frente al cadáver de la mujer que los enemistó. Y la conversación tiene lugar..., y todos los cielos se hunden ante una objetividad fría, brutal, ardientemente terrena, diabólicamente espiritual. De lo primero y único que hablan es de si el cadáver olerá mal. Y Rogozhin cuenta con cortante frialdad que ha comprado «un buen hule americano» y lo ha rociado con «cuatro frascos de líquido desinfectante».

Son éstos los detalles que yo llamo sádicos y satánicos en Dostoievski, porque aquí el realismo es más que un mero recurso de la técnica, es una venganza metafísica, la explosión de una misteriosa voluptuosidad, de un brutal e irónico desengaño. «¡Cuatro frascos!»: lo matemático de la cifra. «¡Hule americano!»: la cruel precisión del detalle. Son distorsiones intencionadas de la armonía del alma, revueltas crueles contra la unidad del sentimiento. Aquí la verdad traspasa sus límites y se convierte en exceso, vicio y tortura, y estas terribles caídas de los cielos del sentimiento contra las sucias canteras de la realidad harían insoportable a Dostoievski, si la misma fuerza del contraste no estuviera presente también en su contrapartida, si de los rincones más inmundos de la realidad no brotaran también los formidables y constantes éxtasis del alma. Basta con recordar el mundo de Dostoievski. Desde el punto de vista puramente social, es una gusanera en la alcantarilla de la vida, siempre en las esferas más oscuras de la pobreza y la miseria. Con plena conciencia (es el antirromántico tanto como el antisentimental) coloca su escenario en medio de la banalidad. Sucias tabernas que apestan a cerveza y aguardiente, cuartuchos estrechos y sombríos como «ataúdes», separados sólo por paredes de madera; ni salones, ni hoteles, ni palacios, ni despachos. Y sus personajes son a propósito «poco interesantes» externamente: mujeres tísicas, estudiantes desastrados, haraganes, derrochadores, vagabundos, y nunca personajes distinguidos de la sociedad. Y es precisamente en esta sórdida cotidianeidad donde coloca las mayores tragedias de su tiempo. De lo deplorable surge fantásticamente lo sublime. Nada produce un efecto más demoníaco en Dostoievski que este contraste de sobriedad exterior y embriaguez interior, de pobreza de espacios y prodigalidad del corazón. En tabernuchos de mala muerte los borrachos anuncian el retorno del Tercer Reino, su santo Aliosha narra la leyenda más conmovedora con una prostituta sentada en su regazo, en los burdeles y casas de juego se escuchan apostolados de bondad y buena nueva, y la sublime escena de Raskólnikov en que el asesino se echa al suelo y se postra ante el sufrimiento de toda la Humanidad, tiene lugar en el cuchitril de una prostituta en casa del tartamudo sastre Kapernaúmov.

Como una corriente alterna, fría o caliente, caliente o fría, pero nunca tibia, en el sentido propio del Apocalipsis, la sangre de su pasión inunda la vida. En un frenesí de contrastes el escritor coloca lo sublime al lado de lo banal, frente a frente, y lanza los sentimientos excitados de un desasosiego a otro. Por esta razón el lector de las novelas de Dostoievski nunca encuentra descanso, el autor no le permite respirar tranquilamente; página tras página recibimos sacudidas eléctricas que nos vuelven más apasionados, ardientes, inquietos y curiosos. Mientras permanecemos bajo su influencia poética, nos parecemos a él. Como en él mismo, el eterno dualista, el hombre en la encrucijada de los contrastes, y como en sus personajes, Dostoievski rompe también en el lector la unidad del sentimiento.

Es la característica eterna de su arte narrativo, y sería una profanación aplicarle el término artesanal de «técnica», pues este arte emana directamente de la personalidad de Dostoievski, de la dualidad primigenia y ardiente de su sentimiento. Su obra es verdad patente y enigma, a la vez conocimiento clarividente de la realidad, saber y magia. Lo más inconcebible parece comprensible; lo más comprensible, inconcebible: aun cuando los problemas se asomen al extremo último de las posibilidades, nunca caen en lo amorfo. Las particularidades visionario-reales mantienen sujetos con fuerza inusitada a sus personajes en lo terrenal, ninguno se sume en las sombras. Cuando Dostoievski describe a alguien, se adueña como en una visión de su ser hasta la última fibra, lo palpa hasta el fondo de sus sueños, examina febrilmente su pasión, criba su embriaguez, nunca pierde un hálito de sustancia espiritual ni se le escapa un pensamiento. Eslabón a eslabón forja la cadena alrededor del cuello de quien ha caído preso de su arte. En Dostoievski no hay nuosidad ni error psicológico que su intelecto visionario, su lógica clarividente, no alumbre. Jamás una falta, una infracción contra la verdad interior. ¡Qué monumentos del espíritu y de la visión, grandiosos e indestructibles! El duelo dialéctico entre Porfiri Petróvich y Raskólnikov, la arquitectura del crimen, el laberinto lógico de los Karamázov, todos ellos son monumentos del espíritu incomparables, infalibles como las matemáticas y, sin embargo, embriagadores como la música. Hermanan las fuerzas supremas del espíritu con el poder visionario del alma en una verdad nueva, más profunda que la que la Humanidad había conocido.

Y, sin embargo—no hay más remedio que plantearse la pregunta—, ¿por qué, a pesar de toda esta perfección diabólica de la verdad, la obra de Dostoievski, la más terrenal de todas las obras, nos produce el efecto de tan poco terrena, como un mundo, sin duda, pero un mundo situado sobre o al lado de nuestro mundo, pero no el mismo? ¿Por qué nos adentramos en ella con nuestros más profundos sentimientos y, sin embargo, nos sentimos sorprendidos? ¿Por qué en todas sus novelas brilla algo así como una luz artificial y el espacio que contienen parece hecho de sueños y alucinaciones? ¿Por qué este realista singular nos produce más la impresión de un sonámbulo que la de un intérprete de la realidad? ¿Por qué, a pesar de todo el fuego, incluso exceso de ardor, en su obra no brilla el fértil calor del sol, sino una mortecina luz del norte, ensangrentada y cegadora? ¿Por qué tenemos la sensación de que esta representación de la vida, la más verídica que se haya escrito, no es, sin embargo, la vida misma, nuestra propia vida?

Voy a tratar de responder. Ningún término de comparación, por extremo que sea, es excesivo para Dostoievski, y sus obras pueden estimarse entre las más notables e imperecederas de la literatura universal. Para mí la tragedia de los Karamázov no es inferior a los lances de Orestes, a la épica de Homero, al sublime perfil de la obra de Goethe. Todas estas obras son incluso más simples, más llanas, menos ricas en conocimientos, con menos visión de futuro, que la de Dostoievski. Con todo, son más gratas y amenas para el espíritu, procuran alivio al sentimiento allí donde Dostoievski sólo ofrece saber. Yo creo que deben este efecto distendido al hecho de que no son tan humanas, de que no son sólo humanas. Están enmarcadas por un cielo radiante, por el mundo, por el hálito de campos y prados, por una constelación en el firmamento donde el sentimiento angustiado puede refugiarse y liberarse con alivio. Homero, en medio de las batallas, de las carnicerías humanas más sangrientas, intercala unas cuantas líneas descriptivas, y el lector respira la brisa salada del mar, la luz plateada de Grecia brilla sobre la sangre del campo de batalla, y el espíritu, así embriagado, contempla la fragorosa lucha de los hombres como una pequeña y vana locura frente a la eternidad de las cosas. Y uno respira, libre de la aflicción humana. También Fausto tiene su domingo de Pascua, entierra su eterno pesar en la resquebrajada naturaleza y lanza sus gritos de júbilo a la primavera del mundo. En todas estas obras la naturaleza redime al hombre del mundo de los hombres. En Dostoievski, en cambio, no hay paisaje ni distensión. Su cosmos no es el mundo, sino sólo el hombre. Es sordo a la música, ciego a las imágenes, insensible al paisaje: paga su ciencia del hombre, insondable e incomparable, con una enorme indiferencia hacia la naturaleza, hacia el arte. Y todo lo no humano peca de insuficiencia. Su dios sólo vive en el alma, no en las cosas; a Dostoievski le falta aquel granito de panteísmo que hace tan amenas y reconfortantes las obras alemanas y helénicas. Las de Dostoievski, todas se desarrollan en cuartuchos mal ventilados, en calles ennegrecidas de hollín, en tabernas llenas de vahos; en ellas se respira una atmósfera enmohecida y humana, demasiado humana, que no barre ni clarifica el viento del cielo ni el cambio de estaciones. Trate el lector de recordar en qué época del año, en medio de qué paisaje, se desarrollan sus grandes obras, *Crimen y castigo*, *El idiota*, *Los hermanos Karamázov*, *El adolescente*. ¿En verano, primavera u otoño? Quizás en algún lugar lo dice, pero el lector no lo nota. No se respira, no se saborea, no se adivina, no se vive. Todas sus obras se desarrollan en algún rincón oscuro del corazón que los rayos del saber iluminan esporádicamente, en la cavidad vacua del cerebro, sin estrellas ni flores, sin quietud ni silencio. El humo de las grandes ciudades oscurece las almas que viven en ellas. Les falta un lugar de descanso que los redima de lo humano, aquellos bienaventurados momentos de alivio, los mejores del hombre, en los que la mirada se aparta de sí misma y de sus penas para dirigirse al mundo desapasionado e insensible. En sus libros domina lo sombrío: sus personajes se recortan como sobre un muro gris de miseria y oscuridad, no viven libres y claros en un mundo real, sino sólo en una infinidad de sentimientos. Su esfera es el mundo del alma y no la naturaleza; su mundo es sólo la Humanidad.

Pero incluso su Humanidad, por maravillosamente verdadero que sea cada uno de sus individuos, por impecable que sea su organismo lógico, también en su totalidad es irreal en cierto sentido: sus personajes tienen algo de figuras sacadas de un sueño y sus pasos pisan en el vacío como sombras. Con esto no quiero decir que sean falsos. Al contrario: pecan de demasiado verdaderos. La psicología de Dostoievski es infalible, pero sus hombres son vistos y percibidos no plásticamente, sino sublimemente, porque están formados sólo de alma y no de corporeidad. Todos conocemos a personajes de Dostoievski que son como un sentimiento hecho materia, como seres compuestos de nervios y alma, y casi olvidamos que por la carne corre sangre. Se puede decir que nunca se los llega a tocar físicamente. En las veinte mil páginas de su obra no se dice en ningún momento que uno de los personajes está sentado, que come o bebe, sino sólo que sienten, hablan o riñen. No duermen (si no es que sueñan en sus visiones), no descansan, siempre tienen fiebre, siempre piensan. Nunca están en estado vegetativo o animal, indolente, siempre están en movimiento, excitados, tensos, y siempre, siempre, en vela. Despiertos e incluso vigilantes. Todos tienen la presbicia espiritual de Dostoievski, todos son clarividentes, telépatas, alucinados, todos son hombres píticos y todos están imbuidos hasta el fondo de su ser de ciencia psicológica. En general, en la vida común—recordémoslo—, la mayoría de hombres vive en conflicto unos con otros y con el Destino sólo porque no se entienden, porque poseen un entendimiento meramente terrenal. Shakespeare, el otro gran psicólogo de la Humanidad, basa la mitad de sus tragedias en esta ignorancia innata, en este fundamento de oscuridad que se interpone entre hombre y hombre como fatalidad, como piedra de escándalo. Lear desconfía de su hija, porque ni siquiera sospecha su nobleza de corazón, la grandeza del amor que escuda tras el pudor; Otelo, en cambio, hace de Yago su confidente; César ama a Bruto, su asesino; todos caen víctimas del verdadero genio que domina el mundo: el engaño. El error es en Shakespeare como en la vida: deficiencia de lo terrenal, fuerza engendradora de tragedias, fuente de todos los conflictos. Los hombres de Dostoievski, en cambio, estos omniscientes, no conocen el error. Cada uno barrunta al otro proféticamente, se comprenden a la perfección hasta el fondo de sus corazones, embeben la palabra en la boca del otro antes de que sea dicha y su pensamiento cuando todavía está en el seno de la emoción. Se huelen unos a otros de antemano, nunca se defraudan, nunca se sorprenden, cada alma comprende con su misterioso olfato el sentido de las demás. El inconsciente y el subconsciente están superdesarrollados en ellos; todos son profetas, adivinos y visionarios a los que Dostoievski ha sobrecargado con su propia penetración mística del ser y del saber. Pondré un ejemplo para ilustrar lo que digo. Nastasia Filípovna será asesinada por Rogozhin. Lo sabe desde el primer día que lo ve, sabe en cada momento en que le pertenece que él la matará y huye de él porque lo sabe, pero vuelve a él porque desea correr la suerte que el destino le ha deparado. Incluso sabe meses antes con qué cuchillo le atravesará el pecho. Y Rogozhin también lo sabe y conoce el cuchillo. Y también Myshkin lo sabe. Sus labios tiemblan cuando, hablando con él, ve a Rogozhin jugando con este cuchillo. Y del mismo modo, en el asesinato de Fiódor Karamázov, todos saben lo que va a ocurrir aunque sea imposible saberlo. El *stárets* cae de rodillas porque presiente el crimen; incluso el burlón Rakitin sabe interpretar las señales. Aliosha besa el hombro de su padre al despedirse de él, pues su corazón le dice que no lo volverá a ver. Iván marcha a Cheremoshnia para no ser testigo del crimen. El mugroso Smerdiakov se lo predice sonriendo. Todos, todos lo saben, saben el día, la hora y el lugar por su enorme carga de saber profético, inverosímil por excesiva. Todos son profetas, todo lo saben y todo lo comprenden.

Aquí, en el terreno de la psicología, descubrimos de nuevo aquella forma doble que toda verdad presenta al artista. A pesar de que Dostoievski conoce al hombre más a fondo que cualquiera anterior él, sin embargo Shakespeare le supera como conocedor de la Humanidad. Supo ver que la vida es variopinta, colocó lo vulgar y banal al lado de lo grandioso, mientras Dostoievski lo eleva todo al infinito. Shakespeare conoció el mundo en carne; Dostoievski en espíritu. El mundo del novelista es quizá la alucinación más perfecta del mundo, un sueño profundo y profético del alma, un sueño que incluso deja atrás la realidad: pero de un realismo que se supera a sí mismo hasta lo fantástico. El superrealista Dostoievski, el transgresor de todas las fronteras, no describe la realidad: la eleva por encima de ella misma.

Es desde dentro, pues, desde el alma exclusivamente, como Dostoievski transforma el mundo en arte, desde dentro lo sujeta y lo suelta. Esta clase de arte, el más profundo y humano de todos, no tiene precedentes en la literatura, ni rusa ni universal. A lo sumo, algún pariente lejano. Los espasmos y la miseria, los desorbitados sufrimientos de los hombres que tienen que doblarse bajo la garra de un destino avasallador, recuerdan a veces a los trágicos griegos, también a Miguel Ángel, por la tristeza mística, pétrea e irredimible de sus almas. Pero el verdadero hermano de Dostoievski de todos los tiempos es Rembrandt. Ambos proceden de una vida de penalidades, privaciones y desprecio, excluidos de lo terrenal, fustigados por los esbirros del dinero y arrojados al abismo más profundo de la existencia humana. Ambos conocen el sentido creador del contraste, el eterno combate entre luz y sombra, y saben que ninguna belleza es más intensa que la belleza sagrada del alma, que nace de la sobriedad del ser. Así como Dostoievski saca sus santos de entre los campesinos rusos, los criminales y los jugadores, Rembrandt encuentra los modelos para sus figuras bíblicas en las callejuelas del puerto; ambos descubren en las formas inferiores de la vida una belleza nueva y misteriosa; ambos encuentran a su Cristo en la escoria del pueblo. Ambos conocen el juego de acciones y reacciones de las fuerzas terrenales, de luz y tinieblas, que actúa con igual poder en los cuerpos vivos como en las almas, y que aquí como allí la luz procede de las últimas tinieblas de la vida. Cuanto más se adentra la mirada en los cuadros de Rembrandt y en los libros de Dostoievski, más claramente les arranca el último secreto de las formas del mundo y del espíritu: la Humanidad universal. Y allí donde el alma cree ver al principio sólo una forma vaga, una realidad empañada, advierte, mirando más de cerca y con el deleite del descubridor, una luz arrancada con esfuerzo a las tinieblas: el resplandor sagrado que como corona de martirio descansa sobre las cosas supremas de la vida.

ARQUITECTURA Y PASIÓN

Que celui aime peu, qui aime la mesure!

LA BOÉTIE

«Todo lo llevas hasta la pasión.» Esta frase de Nastasia Filípovna acierta plenamente en el alma de todos los hombres de Dostoievski y, sobre todo, la suya. Sólo con pasión, este coloso de la literatura es capaz de enfrentarse a los fenómenos de la vida y, por eso, con más pasión aún, a su amor más apasionado: el arte. Por supuesto que en él el proceso de creación, el esfuerzo artístico, no es tranquilo, ordenado, calculador y arquitectónico. Dostoievski escribe como piensa y vive: en estado febril. Bajo la mano que deja fluir las palabras sobre el papel (tiene la escritura apresurada y nerviosa de todos los hombres calenturientos) palpita el pulso con latidos acelerados y sus nervios se estremecen entre espasmos. Para él, crear es éxtasis, tortura, embeleso y aniquilamiento, una voluptuosidad exaltada hasta el dolor, el espasmo eterno, la incesante explosión volcánica de su naturaleza demasiado poderosa. «Con lágrimas en los ojos» escribe a los veintidós años su primera obra, *Pobres gentes*, y a partir de entonces cada trabajo es una crisis, una enfermedad. «Trabajo nervioso, entre tormentos y aflicciones. Cuando trabajo con intensidad, estoy enfermo también físicamente.» Y, en efecto, la epilepsia, su mística enfermedad se infiltra con su ritmo febril e inflamable, con sus trabas oscuras y aletargadas, hasta en las vibraciones más sutiles de su obra. Pero Dostoievski crea con todo su ser, poseído de un furor histérico. Incluso las partes más pequeñas de su obra, en apariencia menos importantes, como los artículos para los periódicos, se vacían y funden en el hierro candente de su pasión. Nunca trabaja con una parte de su fuerza creadora dejada suelta y libre, a vuelapluma por decirlo así, con la agilidad de la técnica, como un juego; siempre concentra toda su emotividad en el suceso que relata, sufriendo y compadeciendo hasta el último nervio de su vida en la de sus personajes. Todas sus obras emergen como una explosión, en medio de furiosas tempestades causadas por la enorme presión atmosférica. Dostoievski no sabe crear sin poner todo el alma en el trabajo y de él puede decirse la famosa frase que se escribió sobre Stendhal: «Lorsqu'il n'avait pas d'émotion, il était sans esprit.» Cuando Dostoievski no era apasionado, no era poeta.

Pero la pasión en el arte se convierte en un elemento tan destructivo como constructivo fuese. Se limita a crear el caos de las fuerzas hasta que el espíritu lúcido rescata las formas eternas. Todo arte necesita de la agitación como impulso para la creación, pero no menos ha menester de una paz superior y ponderada para llevarla a cabo. El fuerte espíritu de Dostoievski, que penetra la realidad como un diamante, conoce muy bien el frío marmóreo y férreo que envuelve la gran obra de arte. Ama y adora el gran arte de la construcción, traza medidas magníficas, proyecta majestuosos órdenes arquitectónicos de la imagen que tiene del mundo. Pero el sentimiento apasionado inunda sin cesar los fundamentos. La eterna desavenencia entre corazón y espíritu influye también en la obra y aquí se llama contraste entre arquitectura y pasión. Dostoievski trata en vano como artista de crear objetivamente, de mantenerse al margen, de limitarse a narrar y plasmar, de ser un poeta, un referente de acontecimientos y un analista de los sentimientos. La pasión lo arrastra irresistiblemente y sin cesar a su propio mundo para sufrir y compadecerse. Siempre hay algo del caos del principio incluso en sus obras terminadas, y nunca alcanza la armonía. («Detesto la armonía», exclama Iván Karamázov, el personaje que traiciona pensamientos más ocultos de Dostoievski.) Tampoco aquí hay paz ni compromiso entre forma y voluntad, sino—¡oh eterna dualidad de su ser, que impregna todas las formas desde la fría corteza hasta el ardiente núcleo!—una lucha incesante entre fuera y dentro. El eterno dualismo de su ser se traduce en la obra épica en lucha entre arquitectura y pasión.

Dostoievski jamás consigue en sus novelas lo que los especialistas llaman «discurso épico», el gran secreto de fijar el agitado flujo de los acontecimientos en una exposición tranquila que va transmitiéndose de maestro en maestro a lo largo de incontables generaciones desde Homero hasta Gottfried Keller y Tolstói. Dostoievski forma su mundo con pasión, y sólo con pasión, con arrebato, se puede gozar de ella. Jamás aparece en sus libros aquel sentimiento de placidez, de ritmo suave y arrullador, el lector nunca se siente seguro y ajeno frente a los acontecimientos, contemplando, por decirlo así, como un espectador desde la orilla el oleaje y el tumulto de un mar embravecido. Siempre se siente inmerso en él, envuelto en la tragedia. Vive en propia sangre como una enfermedad las crisis de los personajes, los problemas escuecen como una inflamación en el sentimiento excitado. Dostoievski nos sumerge con todos nuestros sentidos en su atmósfera abrasadora, nos empuja al borde abismal del alma, donde permanecemos jadeando sin aliento y con una sensación de vértigo. Y sólo cuando nuestro pulso late a la misma velocidad que el suyo y sucumbimos a su misma pasión demoníaca, sólo entonces su obra nos pertenece completamente y nosotros a él. Dostoievski quiere a lectores de sentimientos tensos y vehementes para compartir su obra y los escoge como a sus héroes. Los consumidores de libros de bibliotecas ambulantes, los que gustan de callejear plácidamente por los libros o los que se pasean por las aceras de problemas trillados, deben renunciar a él, como él renuncia a ellos. Sólo la persona ardiente, inflamada por la pasión y de sentimientos férvidos se encuentra aquí en su verdadera esfera.

No se puede negar ni ocultar o disfrazar: la relación de Dostoievski con sus lectores no es amistosa ni placentera, sino discordante y llena de instintos peligrosos, crueles y libidinosos. Es una relación apasionada como entre hombre y mujer, no de amistad y confianza como en los demás autores. Dickens y Gottfried Keller, sus contemporáneos, acompañan al lector a su mundo con dulces palabras de persuasión, con señuelos musicales, lo inmiscuyen en la trama con su amena charla, se limitan a estimular su curiosidad y su fantasía, y no, como Dostoievski, todo su fogoso corazón. Él, un apasionado, nos quiere íntegramente, no sólo nuestra curiosidad e interés, desea toda nuestra alma y también nuestro cuerpo. Primero carga de electricidad la atmósfera interior e intensifica nuestra excitabilidad con un refinamiento exquisito. Emplea una especie de hipnosis en la que nuestra voluntad se pierde en la suya apasionada: como el sordo murmullo del conjurador, inacabable e ininteligible, aturde los sentidos, despierta el interés con misterios y alusiones hasta la fibra más íntima. No tolera que nos abandonemos demasiado pronto, prolonga los preparativos con voluptuosa pericia; el lector empieza a hervir de inquietud, pero el autor sigue privándole de la visión de conjunto de la trama, presentándole nuevos personajes, desplegando nuevos cuadros. Erótico calculador y refinado, demora su entrega total y la nuestra y con ello incrementa hasta el infinito la presión interior y la irritabilidad de la atmósfera. Fatídicamente el lector siente sobre sí mismo la presencia de nubes de tragedia (¡cuánto tiempo transcurre en *Crimen y castigo* antes de saber que todos aquellos incomprensibles estados del alma son preparativos de su asesinato y, sin embargo, nuestros nervios presienten algo espantoso ya mucho antes!), en el cielo del alma relampaguea un terrible presentimiento. Pero la voluptuosidad sensual de Dostoievski se embriaga en el refinamiento de la dilación, que con pequeñas alusiones pica como con alfilerazos la piel de la sensibilidad. Con lentitud satánica Dostoievski antepone a sus grandes escenas páginas y más páginas de un tedio místico y demoníaco hasta producir en el lector sensible (otro no percibe estas cosas) una fiebre mental y un tormento físico. Este fanático del contraste lleva el placer de la tensión hasta el dolor, y cuando en la caldera del pecho hierve el sentimiento y sus paredes están a punto de estallar, entonces golpea el corazón con el martillo, introduce bruscamente uno de esos instantes sublimes en que como un rayo la salvación cae del cielo de su obra hasta el fondo de nuestro corazón. Sólo cuando la tensión se ha hecho insoportable, Dostoievski rasga el secreto épico y afloja la tirantez que laceraba el sentimiento en una sensación plácida, fluida y lacrimosa.

Con tanta hostilidad y placer voluptuoso, con tanta pasión refinada, cerca y abraza Dostoievski al lector. No lo vence en el combate cuerpo a cuerpo, sino como un asesino que acecha a su víctima durante horas y horas para luego, de repente, traspasarle el corazón con un afilado instante. Es tan apasionado en su propia agitación, que uno llega a dudar que se le pueda aplicar el término de épico. Su técnica es explosiva, el camino que conduce a su obra no se excava laboriosamente, a golpes de pico y pala, sino que se abre de golpe desde dentro y con una fuerza concentrada al máximo hace saltar el mundo y el pecho se siente aliviado. Los preparativos son completamente subterráneos, como una conspiración, una sorpresa repentina para el lector. Aunque presiente que se avecina una catástrofe, nunca sabe en qué personajes ha excavado las zapas ni de qué lado y en qué momento se va a producir la terrible descarga. De todas las galerías salen pozos que conducen al centro de la trama, cada una de ellas está cargada con la materia inflamable de la pasión. Pero quién encenderá la mecha (por ejemplo, quién de los muchos que llevan en su interior la idea venenosa matará a Fiódor Karamázov) no se nos revela hasta el último momento, pues Dostoievski, que lo deja entrever todo, nunca revela sus secretos. El lector siente el Destino excavar como un topo bajo la superficie de la vida, nota cómo empuja la carga oculta hasta debajo mismo de nuestro corazón y desaparece, se consume en una tensión interminable hasta los últimos instantes que como un rayo desgarran la atmósfera sofocante.

Y para estos pocos segundos, para estos momentos de inaudita concentración, Dostoievski necesitaba una fuerza y una envergadura de exposición hasta entonces desconocidas. Sólo un arte monumental es capaz de tal intensidad y concentración: sólo un arte de grandeza primitiva y cósmica y de una pujanza mística. Aquí la extensión no es verbosidad, sino arquitectura: así como para las pirámides son necesarios unos cimientos gigantescos, también lo son para Dostoievski las enormes dimensiones de sus novelas para llegar a los momentos culminantes. Estas noveles fluyen realmente caudalosas como el Volga, el Dniéper y los grandes ríos de su patria. Todas tienen algo de río, en lentas olas arrastran consigo masas inmensas de vida. Flotan en sus miles y miles de páginas, a ratos inundando las orillas de la forma artística con sus guijarros políticos y sus piedras polémicas. A veces, cuando la inspiración cede, forman también parajes anchos y arenosos. Parece que se han agotado. Lenta y pesadamente siguen devanando a través de recodos y extravíos el curso de los acontecimientos, las aguas se estancan durante horas en los bancos de arena de los diálogos, hasta que vuelven a encontrar la profundidad y el empuje de la pasión.

Pero luego, cerca del mar, del infinito, vienen de pronto los increíbles rápidos en que el amplio caudal de la narración se conglomera en un torbellino, parece que las páginas vuelan, el ritmo se hace angustioso y el alma arrastrada se precipita en el abismo. Presentimos la profundidad cercana, ya retumba la catarata, toda la extensa y pesada masa se convierte de repente en velocidad espumante y, como la corriente de la narración, atraída magnéticamente por la cascada, precipitándose hacia la catarsis, también nosotros pasamos sin querer más deprisa por estas páginas y luego de improviso caemos en el abismo del acontecer con el sentimiento destrozado.

Y un sentimiento tal, que por decirlo así reduce a una sola cifra la enorme suma de la vida, este sentimiento de extrema concentración, angustia y vértigo a la vez, que en una ocasión él mismo llamó «sentimiento de las alturas»—la locura divina de asomarse al propio precipicio y gozar por anticipado de la dicha de la caída mortal—, este sentimiento supremo de que en la plenitud de la vida uno experimenta también la muerte es también la invisible cima de las grandes pirámides épicas de Dostoievski. Casi se podría decir que todas sus novelas fueron escritas sólo por este momento de sensación candente. Dostoievski creó una veintena o treintena de estos pasajes grandiosos, y es tal la vehemencia de pasión que acumulan, que como una llama viva atraviesan el corazón del lector no sólo en la primera lectura, sino también en la cuarta y la quinta. En estos momentos, todos los personajes del libro siempre se encuentran de improviso en una habitación y siempre porfiando cada uno con la máxima intensidad. Todos los caminos, todos los ríos y todas las fuerzas confluyen como por arte de magia, se disuelven en un solo gesto, un solo ademán, una sola palabra. Recuerdo simplemente la escena de *Los demonios* en que el «golpe seco» de la bofetada de Shátov desgarra la telaraña del secreto, o cuando en *El idiota* Nastasia Filípovna arroja al fuego los cien mil rublos, o la escena de la confesión en *Crimen y castigo* y *Los hermanos Karamázov*. En estos momentos supremos de su arte, puramente elementales, ya no sujetos al argumento en sí, se conjuntan arquitectura y pasión. Sólo en el éxtasis es Dostoievski el hombre armonioso, sólo en estos breves instantes es el artista consumado. Pero estas escenas, desde el punto de vista puramente artístico, son un triunfo sin igual del arte sobre el hombre, pues hay que releer el texto para percatarse de la genial premeditación con que traza todos los caminos que ascienden hasta este punto culminante, con qué mágica distribución se complementan aquí mágicamente personajes y circunstancias, y cómo la compleja ecuación, compuesta de milésimas, se resuelve en una mínima cifra, la suprema, en la unidad total del sentimiento: el éxtasis. He aquí el mayor secreto del arte de Dostoievski: rematar todas sus novelas en estos vértices en los que se concentra toda la atmósfera eléctrica del sentimiento y que atajan el rayo del Destino con infalible seguridad.

¿Hace falta insistir en el origen de esta particular forma artística que ningún artista había poseído antes de Dostoievski y que quizá ningún otro poseerá en la misma medida? ¿Hay que repetir que este destello de todas las fuerzas vitales en un solo segundo no es sino la forma manifiesta de su propia vida, la demoníaca enfermedad, convertida en arte? Jamás el sufrimiento de un artista ha sido más fecundo que esta conversión artística de la epilepsia, pues jamás antes de Dostoievski el arte había logrado concentrar tanta vida en un mínimo de espacio y de tiempo. Sólo él, que en la plaza Semiónovskaia, con los ojos velados, había revivido en dos minutos toda su vida, que en cada ataque epiléptico, durante el segundo transcurrido entre el delirio vacilante y la dura caída de la silla al suelo, erraba a través de mundos como un visionario, sólo él era capaz de tal arte, sólo él podía hacer caber en una cáscara de nuez un cosmos de acontecimientos. Sólo él era capaz de forzar lo inverosímil de estos segundos explosivos a hacerse real de un modo tan demoníaco, que nosotros apenas nos apercibimos de esta habilidad para superar el espacio y el tiempo. Sus obras son verdaderos milagros de concentración. Me limitaré a un solo ejemplo. Léase el primer volumen de *El idiota*, que suma más de quinientas páginas. Se ha levantado un tumulto de fatalidad, un caos de almas surca las páginas, una multitud de personajes cobra vida interior. Caminamos con ellos por las calles, nos sentamos en sus casas y, de pronto, cuando caemos en la cuenta, descubrimos que esa cantidad inmensa de sucesos se han producido en el transcurso de apenas doce horas, de la mañana a medianoche. Asimismo el mundo fantástico de los Karamázov se concentra tan sólo en unos días, el de Raskólnikov en una semana: obras maestras de condensación como ningún otro escritor ha conseguido todavía y como la vida sólo en muy raros momentos consigue. Únicamente la tragedia antigua, la de Edipo por ejemplo, que en el corto lapso de tiempo que va del mediodía a la noche compendia toda una vida y la de generaciones pasadas, conoce esta vertiginosa caída de las alturas al abismo y del abismo a las alturas, este despiadado y brusco cambio atmosférico del talento artístico, pero también esta fuerza purificadora de las tormentas del alma. Ninguna obra épica se puede comparar con este arte y por eso Dostoievski se revela siempre como un trágico en sus grandes momentos, y sus novelas dan la impresión de dramas encubiertos, metamorfoseados; en el fondo los Karamázov son espíritu del espíritu de la tragedia griega, carne de la carne de Shakespeare. El hombre gigantesco se esconde en ellos, desnudo, indefenso y minúsculo, bajo el cielo trágico del Destino.

Y raras veces, en estos momentos apasionados de caída, la novela de Dostoievski pierde de pronto su carácter de narración. La delgada envoltura épica se derrite al calor del sentimiento y se evapora: no queda sino el diálogo pálido y candente. Las grandes escenas de las novelas de Dostoievski son puros diálogos dramáticos. Se pueden trasplantar directamente al escenario sin añadir u omitir una sola palabra: tan sólidamente modelado está cada personaje y tan bien condensan los diálogos en dramáticos segundos el caudaloso contenido de las grandes novelas. El sentimiento dramático de Dostoievski, que siempre tiende a lo definitivo, a la tensión máxima, a la descarga fulminante, en estos momentos de mayor intensidad parece convertir su obra de arte épica en dramática.

Los presurosos artesanos del teatro y dramaturgos de bulevar reconocieron mucho antes que los filólogos lo que había de dramático y teatral en estas escenas y corrieron a elaborar algunas robustas piezas a partir de *Crimen y castigo*, *El idiota* y *Los hermanos Karamázov*. Pero aquí se demostró cuán lamentablemente fracasan estos conatos de tomar los personajes de Dostoievski desde fuera, desde su corporeidad, sacarlos de su esfera, de su mundo anímico, y alejarlos de la atmósfera tempestuosa de su rítmica irritabilidad. Qué impresión de troncos pelados, desnudos y sin vida producen estos personajes en escena en comparación con los árboles vivos de copas susurrantes y crujientes que tocan el cielo y, sin embargo, están arraigados en el suelo épico con mil secretas fibras nerviosas. Sus venas, que se extienden en múltiples ramificaciones a lo largo de cientos de páginas, obtienen su mayor fuerza plástica de la oscuridad, de la alusión y de la sospecha. La psicología de Dostoievski no está hecha para una luz deslumbrante, se burla de los «adaptadores» y simplificadores. Pues en este mundo épico subterráneo hay contactos psíquicos secretos, corrientes ocultas y matizaciones. Una figura suya se forma no de gestos visibles, sino de mil y mil alusiones aisladas; la literatura no conoce telaraña más fina que esta malla de las almas. Para sentir la transversalidad de estas corrientes ocultas de la narración, que por decirlo así fluyen por debajo de la piel, trate el lector como prueba de leer una novela de Dostoievski en una de sus ediciones francesas abreviadas. Aparentemente no falta nada en ellas: la película de los acontecimientos se desarrolla con más velocidad, los personajes parecen incluso más ágiles, más completos y más apasionados. Y, sin embargo, en cierto modo han quedado empobrecidos, a sus almas les falta aquel maravilloso resplandor irisado, la electricidad fulgurante de su atmósfera, aquella tensión sofocante que hace tan temible y a la vez tan gratificador la descarga. Se ha destruido algo que ya no se puede reparar, se ha roto un círculo mágico. Y precisamente gracias a estos conatos de resumir y adaptar a la escena se comprende mejor el sentido de la extensión en Dostoievski,

el propósito de su aparente prolijidad. Pues las pequeñas, fugaces y ocasionales alusiones, que parecen totalmente casuales y superfluas, tienen su respuesta cientos
y cientos de páginas más adelante. Bajo la superficie del
relato corren cañerías de contactos ocultos que transmi-
ten mensajes e intercambian misteriosos reflejos. Hay en
Dostoievski comunicaciones psicológicas cifradas entre
las almas, pequeñísimas señales físicas y psíquicas cuyo
significado no se hace patente hasta la segunda o tercera
lectura. Ningún otro épico tiene un sistema narrativo
con tanta nervadura, una maraña tan subterránea de da-
tos bajo el esqueleto de la acción, bajo la piel del diálogo. No obstante, apenas se lo puede llamar sistema: este
proceso psicológico sólo se puede comparar con una ar-
bitrariedad aparente y sin embargo es un misterioso orden que el hombre posee. Mientras los demás artistas
épicos, en particular Goethe, parecen imitar más la naturaleza que al hombre y nos hacen gozar del relato or-
gánicamente como de una planta, plásticamente como
de un paisaje, vivimos una novela de Dostoievski como el
encuentro con un hombre singularmente profundo y
apasionado. La obra de arte de Dostoievski es primitiva,
con todo lo que tiene de eterno, una trama nerviosa des-
unida, sabia, excitablemente apasionada, carne y cerebro
siempre en fermentación, nunca bronce, nunca elemento recocido y purificado. Es imprevisible e insondable,
como lo es el alma en las fronteras de su corporeidad, y
sin comparación alguna dentro de las formas del arte.

Sin comparación alguna: su arte, su maestría psicológica es admirable, escapa a toda medida, y cuanto más
profundizamos en su obra, tanto más inverosímil y for-

midable nos parece su grandeza. Con ello no pretendo decir que estas novelas sean de suyo obras de arte consumadas, en realidad lo son mucho menos que otras más pobres, que describen círculos más estrechos y se conforman con objetivos más modestos. El hombre de ambición desmedida puede alcanzar lo eterno, pero jamás imitarlo. La ambición ahoga una buena parte del singular arte arquitectónico de estas obras y la impaciencia destruye muchos proyectos heroicos. Pero la impaciencia de Dostoievski es un camino que parte de la tragedia de su vida para entrar en la de su arte. Pues en su caso, como en el de Balzac, fueron los azares de la vida y no un carácter irreflexivo lo que lo apremia e imprime un ritmo demasiado frenético a su trabajo para poder dar a sus obras una forma perfecta. No olvidemos cómo nacieron estas obras. Dostoievski ya había vendido la novela entera mientras todavía escribía el primer capítulo; cada trabajo era un acoso de anticipo en anticipo. Trabajando «como una vieja mula», deambulando fugitivo por el mundo, a veces le falta tiempo y paz para dar la última mano al libro. ¡Y él, el más sabio de todos, lo sabe y se siente culpable! «Pero que vean en qué condiciones trabajo. Me exigen obras maestras impecables y me veo obligado a correr por pura y amarga necesidad», exclama irritado. Maldice a Tolstói y a Turguéniev, que, sentados cómodamente en sus haciendas, pueden pulir y retocar sus líneas y a los que no envidia otra cosa. Personalmente no teme la pobreza, pero como artista, rebajado a proletariado del trabajo, se rebela contra la «literatura de los hacendados» por un anhelo irrefrenable de artista de poder un día, en paz, escribir sus obras a la perfección. Conoce sus errores, sabe que después de los ataques epilépticos la tensión disminuye y la ceñida envoltura de la obra de arte se hace permeable y deja penetrar cosas carentes de interés. A menudo sus amigos o su esposa tienen que llamarle la atención sobre olvidos garrafales que comete cuando lee los manuscritos con los sentidos todavía ofuscados tras los ataques. Este proletario, este jornalero del trabajo, este esclavo del anticipo, que escribe tres gigantescas novelas, una tras otra, en su época de más espantosa penuria, es en el fondo de su alma el artista más consciente. Ama fanáticamente el trabajo de orfebre, la filigrana de la perfección. Todavía bajo el azote de la miseria, lima y pule las páginas durante horas, por dos veces destruye *El idiota*, a pesar de que su mujer está hambrienta y aún no han pagado a la comadrona. Infinita es su voluntad de perfección, pero también la indigencia que padece. Las dos fuerzas más poderosas vuelven a luchar por su alma: la presión exterior y la interior. También como artista sigue siendo el hombre dividido del dualismo. Así como su parte humana está eternamente sedienta de armonía y paz, también la artística anhela la perfección. Una y otra penden con los brazos desgarrados de la cruz de su destino.

Tampoco el arte, pues, uno y único, es redención para el crucificado de la dualidad; también es tormento, desasosiego, prisa y huida; tampoco es patria para el sin patria. Y la pasión que lo impulsa a crear lo persigue hasta más allá de la perfección. También entonces lo empuja hacia lo eternamente infinito; con sus torres truncadas, no construidas hasta la cima (había prometido una segunda parte, nunca escrita, de *Crimen y castigo* y de

Los hermanos Karamázov), los edificios de sus novelas se elevan hasta el cielo de la religión, hasta las nubes de las preguntas eternas. Dejemos de llamarlas novelas y no las valoremos con la medida épica: ya no son literatura, sino un misterioso comienzo, un preludio profético, el preludio y la profecía de un mito: el del hombre nuevo. El arte que tanto ama Dostoievski no es para él lo supremo y, como todos sus ilustres predecesores rusos, lo considera sólo un puente por el que el hombre llega a Dios. Recordemos simplemente que Gógol abandona la literatura después de *Las almas muertas* y se hace místico, mensajero misterioso de la nueva Rusia; Tolstói, a los sesenta años, maldice el arte, el propio y el ajeno, y se hace evangelista del bien y de la justicia; Gorki renuncia a la gloria y se convierte en heraldo de la revolución. Dostoievski no abandona la pluma hasta el último momento, pero la obra que ha creado ya no es artística en el sentido estricto y terrenal de la palabra, sino el evangelio del Tercer Reino, un mito del nuevo mundo ruso, una predicción apocalíptica, oscura y enigmática. Para el eterno insatisfecho el arte fue sólo el principio, y su final estaba en lo infinito. Era para él sólo un peldaño y no el templo mismo. La perfección de sus obras encierra algo más grande que no se puede formular con palabras y, precisamente porque sólo cabe adivinarlo y no fundirlo en un molde perecedero, sus novelas son caminos de perfección para el hombre y la Humanidad.

TRANSGRESOR DE FRONTERAS

Que no puedas terminar
es lo que te hace grande.

GOETHE

La tradición es una muralla de piedra hecha de pasados que rodea el presente: quien quiere ir hacia el futuro, tiene que saltarla, pues la Naturaleza no tolera altos en el camino del conocimiento. Cierto que la naturaleza parece defender el orden, sin embargo sólo ama a quien la destruye para crear un orden nuevo. Pletórica de fuerzas, engendra en unos pocos hombres aquellos conquistadores que dejan las tierras patrias del alma para surcar los océanos tenebrosos de lo desconocido en busca de nuevas zonas del corazón, de nuevas esferas del espíritu. Sin estos osados transgresores, la Humanidad viviría encerrada en sí misma, en vez de evolucionar se movería en círculos. Sin estos grandes mensajeros, en los que por decirlo así cada generación se adelanta a sí misma, no sabría qué camino seguir. Sin estos grandes soñadores, la Humanidad desconocería su propio y más profundo sentido. No son los tranquilos eruditos ni los geógrafos de la patria los que han ensanchado el mundo, sino los aventureros que llegaron a las Nuevas Indias a través de océanos ignotos; no son los psicólogos ni los científicos quienes conocen toda la profundidad del alma moderna, sino los poetas que no saben de medidas ni fronteras.

Entre estos transgresores de fronteras literarias, Dostoievski es el más grande de nuestros días; nadie ha descubierto tantas nuevas tierras del alma como este hombre impetuoso y desmedido para quien, en sus propias palabras, «lo inmenso e infinito era tan necesario como la Tierra misma». Nada lo detiene, «por doquier he transgredido fronteras», escribe con orgullo en una carta de autoacusación, «por doquier». Resulta casi imposible enumerar todas sus gestas, sus andaduras por las crestas heladas del pensamiento, sus descensos a las fuentes más recónditas del inconsciente, sus ascensiones como de sonámbulo a las alturas de vértigo de la autognosis. Anduvo por donde no había camino trillado, prefirió los laberintos y la confusión. Nunca antes la Humanidad había conocido tan a fondo el mecanismo y la mística del alma; su mirada se ha vuelto más despierta y consciente y a la vez más misterioso y divino su sentimiento. Sin él, sin este gran transgresor de toda medida, poco sabría la Humanidad de su misterio congénito; ahora, desde las alturas de su obra, podemos extender mucho más allá la mirada hacia el futuro.

La primera frontera que Dostoievski rompió, el primer horizonte que nos abrió, fue Rusia. Descubrió su nación al mundo, ensanchó nuestra conciencia europea, fue el primero en revelarnos el alma rusa como fragmento, y uno de los más preciosos, del alma universal. Antes de él, para Europa Rusia significaba una frontera: el paso a Asia, una mancha en el mapa, un trozo de pasado de nuestra infancia cultural bárbara, ya superado. Pero también fue el primero en mostrarnos la fuerza futura que encerraba aquella tierra virgen; a partir de él vemos a Rusia como potencial de una nueva religiosidad, como una nueva palabra que ha de engrosar el gran poema de la Humanidad. Enriqueció el corazón del Mundo con el conocimiento y con la esperanza. Pushkin (difícilmente accesible para nosotros, pues su atmósfera poética pierde fuerza eléctrica en las traducciones) nos mostró sólo la aristocracia rusa. Tolstói, a su vez, los hombres simples, patriarcales y campesinos, seres de un mundo viejo, estratificado, muerto. Es Dostoievski quien nos inflama el corazón con el anuncio de nuevas posibilidades, quien enciende el genio de esta nueva nación y casi nos hace anhelar que esa gota ardiente de infancia universal y de aurora que hay en el alma del pueblo ruso prenda en el mundo cansado y estantío de la vieja Europa. Tuvo que estallar esta guerra para darnos cuenta de que todo cuanto sabíamos de Rusia se lo debíamos a él y de que también él ha hecho posible que veamos en este país enemigo a un país hermano, un alma gemela.

Pero mucho más profundo y significativo que este enriquecimiento cultural para el saber universal sobre la idea de Rusia (pues quizá Pushkin ya lo hubiera logrado de no ser por la bala que le atravesó el pecho en un duelo a los treinta y siete años) es el enorme caudal de saber sobre nosotros mismos, sin igual en la literatura. Dostoievski es el psicólogo de los psicólogos. El fondo del corazón lo atrae con fuerza mágica; su verdadero mundo es el inconsciente, el subconsciente, lo insondable. Desde Shakespeare no habíamos aprendido tanto sobre los secretos del sentimiento y las leyes mágicas que lo gobiernan, y como Ulises, el único que vuelve del Hades, del mundo infernal, nos habla del mundo subterráneo del alma. Pues también él, como Ulises, iba acompañado de un dios, un demonio. Fue la enfermedad, elevándolo a alturas del sentimiento que el simple mortal no puede alcanzar, reduciéndolo a estados de angustia y terror que se encuentran más allá de la vida, lo que le permitió respirar la atmósfera ora gélida ora ardiente del reino de lo inanimado y de la supervivencia. Así como los animales nocturnos ven en la oscuridad, él ve en los estados de penumbra con más claridad que los demás a la luz del día. Los elementos de fuego, donde otros se abrasan, se convierten para él en verdadero y agradable calor del sentimiento; él, a quien el alma sana le ha quedado corta, se ha instalado en la enferma y con ella en el secreto más hondo de la vida. Ha mirado la locura a la cara, como un sonámbulo ha caminado seguro por las cimas del sentimiento, de donde caen, impotentes, los despiertos y los sabios. Ha penetrado más profundamente en el Hades del inconsciente que médicos, juristas, criminalistas y psicópatas. Todo lo que la ciencia descubriría y clasificaría más adelante, todo lo que rascaría por decirlo así en experimentos con el escalpelo de la experiencia de los muertos, todos los fenómenos telepáticos, histéricos, alucinativos y perversos, él los describió antes gracias al talento místico del visionario que le permitía participar del saber y del dolor de los demás. Investigó hasta el borde de la locura (exceso de espíritu) y hasta el filo del crimen (exceso de sentimiento) los fenómenos del alma y así recorrió infinitos trayectos de la nueva tierra del espíritu. Con Dostoievski se cierra la última página de una vieja ciencia y se abre una nueva psicología en el arte.

Una nueva psicología: porque también la ciencia del alma tiene sus métodos, y también el arte, que a primera vista parece una unidad infinita a través de los tiempos, obedece a leyes eternamente nuevas. También aquí el saber sufre transformaciones, también aquí progresa el conocimiento con nuevas soluciones y nuevas definiciones, y así como, por ejemplo, la química ha ido reduciendo mediante experimentos el número de los elementos primitivos, en apariencia indivisibles, y ha descubierto fórmulas en los aparentemente simples, también la psicología, a través de un proceso constante de diferenciación, analiza la unidad del sentimiento en una infinidad de impulsos e inhibiciones. A pesar de la genial previsión de unos pocos hombres, no se puede negar la existencia de una línea divisoria entre la vieja psicología y la nueva. Desde Homero hasta mucho después de Shakespeare, en realidad sólo existe la psicología de una sola vía, rectilínea. El hombre es todavía una fórmula, un atributo en carne y hueso: Ulises es astuto; Aquiles, valiente; Áyax, colérico; Néstor, prudente... Cada decisión y cada gesta de estos hombres están escritas clara y distintamente en el plano de su voluntad. Y todavía Shakespeare, el poeta de transición entre el arte antiguo y el nuevo, dibuja a sus personajes de tal modo que una nota dominante, divergente de las demás, lleva la melodía de su carácter. Pero también es Shakespeare quien anticipa el primer hombre que sale del alma medieval y entra en nuestro mundo contemporáneo. En su Hamlet crea la primera naturaleza problemática, el predecesor del hombre moderno diferenciado. Aquí por primera vez las inhibiciones en el sentido de la nueva psicología obstruyen la voluntad, se ha colocado el espejo de la introspección, se ha configurado el hombre que tiene conocimiento de sí mismo, que vive en dos mundos a la vez, el exterior y el interior, que piensa actuando y se realiza pensando. Aquí por primera vez el hombre vive la vida tal como nosotros la sentimos, siente tal como sentimos los hombres de ahora, si bien emergiendo todavía del crepúsculo de la conciencia: el príncipe de Dinamarca se halla todavía rodeado de los accesorios de un mundo supersticioso, siguen actuando sobre sus sentidos desasosegados espíritus y filtros mágicos, en vez de la simple locura o el presentimiento. Y, sin embargo, aquí se consuma ya el tremendo hecho psicológico del desdoblamiento del sentimiento. Se ha descubierto el nuevo continente del alma, los futuros investigadores tienen el camino expedito. El hombre romántico de Byron, Goethe y Shelley—el Childe Harold y el Werther—, que vive en eterna contradicción el apasionado conflicto de su ser con el mundo prosaico, favorece con su inquietud la descomposición química de los sentimientos. Entretanto, las ciencias exactas aportan algunos conocimientos concretos de gran valor. Luego llega Stendhal. Él sabe mucho más que todos sus predecesores de la cristalización de los sentimientos, de la ambigüedad y la capacidad de transmutación de las emociones. Sospecha el misterioso dilema en torno a cada resolución que se plantea en el interior del hombre. Pero la pereza anímica de su genio, la indolencia de paseante de su carácter, no le permiten todavía esclarecer toda la dinámica del inconsciente.

Fue Dostoievski, el gran demoledor de la unidad, el eterno dualista, quien penetró en el misterio. Fue el único capaz de realizar un análisis completo del sentimiento. En Dostoievski se rompe la unidad del sentimiento en tal medida que es como si sus personajes tuvieran un alma diferente de la de todos los anteriores. Los más osados análisis psicológicos de todos los poetas que lo precedieron parecen superficiales al lado de los suyos, son como un manual de electrotecnia escrito hace treinta años que sólo recogiera las nociones elementales y ni siquiera barruntara las esenciales. En la esfera psicológica de Dostoievski nada es un sentimiento simple, un elemento indivisible; todo es conglomerado, forma intermedia, de transición. Las sensaciones vacilan y tropiezan en un mar de confusión y desconcierto antes de convertirse en hechos; un furioso intercambio entre voluntad y verdad revuelve los sentimientos. Cuando creemos haber llegado a la razón última de una decisión, de un deseo, Dostoievski siempre nos remite a otra y ésta a otra y así sucesivamente. Odio, amor, lascivia, flaqueza, vanidad, orgullo, ambición, humildad, respeto: todos estos impulsos se devoran unos a otros en eternas metamorfosis. El alma es un laberinto, un caos sagrado en la obra de Dostoievski. En ella encontramos borrachos que lo son por ansia de pureza, criminales por afán de arrepentimiento, violadores de niñas por adoración de la inocencia, blasfemos por necesidad religiosa. Cuando sus personajes anhelan algo, lo hacen con la esperanza tanto de que les sea rechazado como de que les sea concedido. Si lo analizamos bien, su tenacidad no es sino pudor encubierto, su amor un odio marchito y su odio un amor oculto. La contradicción engendra contradicción. En Dostoievski encontramos a libertinos por afán de sufrir y también a los que se atormentan a sí mismos por ansia de goce; el torbellino de su placer da vueltas en un círculo vertiginoso. En el deseo gozan ya del placer, en el placer sienten ya el tedio, en la acción el remordimiento y en éste saborean el regusto de la acción. Hay en ellos a la vez un arriba y un abajo, una multiplicación de las sensaciones. Lo que hacen sus manos no lo sienten sus corazones y, a su vez, el lenguaje de su corazón no es el de sus labios, y así cada sentimiento se desdobla, es múltiple y ambiguo. En Dostoievski es imposible encontrar una unidad de sentimiento, coger a un solo personaje en la red de un concepto o de un vocablo. Decimos que Fiódor Karamázov es un libertino: el concepto parece agotarse en él, no obstante, ¿no lo es también Svidrigáilov y aquel estudiante anónimo de *El adolescente*? Y, sin embargo, ¡hay todo un mundo entre ellos y sus sentimientos! En el caso de Svidrigáilov, hombre táctico y calculador de su lascivia, la sensualidad es un libertinaje frío y sin alma. La de Karamázov, en cambio, es gozo de vivir, libertinaje llevado hasta el embrutecimiento, un impulso tremendo de mezclarse con lo más ruin de la vida sólo porque es vida, gozar de todo hasta el final, hasta sus heces, en un éxtasis de vitalidad. Uno es lujurioso por falta de sentimiento; el otro, por exceso del mismo; lo que en éste es excitación enfermiza del espíritu, en aquél es una irritación crónica. Svidrigáilov es un mediocre de la sensualidad que tiene «pequeños vicios» en vez de vicios, es un bicho sucio, un insecto de los sentidos, y el estudiante anónimo de *El adolescente* es, en cambio, la perversión de la maldad espiritual trasladada a la esfera del sexo. Vemos, pues, que hay mundos de sentimientos que separan a estos hombres, aun cuando un solo concepto los engloba, y así como aquí la lujuria está diferenciada y disuelta en sus misteriosos componentes y ramificaciones, así también en Dostoievski todo sentimiento, todo instinto, es analizado hasta el fondo, hasta la fuente de la que manan todas las fuerzas, hasta la postrer antinomia entre el yo y el mundo, entre afirmación y entrega de la persona, entre orgullo y humildad, disipación y sobriedad, aislamiento y vida social, fuerza centrípeta y centrífuga, exaltación de uno mismo o autodestrucción, yo o Dios. Según el momento, podemos dar los nombres que queramos a estos pares contrarios, pero en el fondo son siempre los mismos: los sentimientos últimos y primitivos del mundo que se mueve entre el espíritu y la carne. Nunca antes de Dostoievski habíamos sabido tanto de esta multiplicidad de sentimientos, de esta amalgama de fuerzas que anida en nuestras almas.

Pero donde más sorprende este análisis de los sentimientos en la obra de Dostoievski es en el tema del amor. El mayor de sus logros es el de haber llevado hasta alturas y profundidades insospechadas, hasta la fuente última del conocimiento, la novela, y con ella toda la literatura, que desde hacía siglos, desde la antigüedad, se había concentrado en este sentimiento central entre hombre y mujer como fuente primera de toda existencia. El amor, que para otros poetas es el fin supremo de la vida, el objetivo final de la obra de arte, para Dostoievski no es un elemento primigenio, sino sólo un peldaño de la vida. Para los otros el instante glorioso de reconciliación y de equilibrio de todas las diferencias suena en el momento en que el alma y los sentidos, el sexo y el sexo, se diluyen totalmente en sentimientos divinos. En el fondo, el conflicto vital de los demás poetas es ridículamente primitivo en comparación con el de Dostoievski. El amor toca al hombre como una varita mágica, es el secreto, la gran magia, el último misterio de la vida, inexplicable, indemostrable. Y el amante ama: es feliz si consigue lo que desea, desdichado si no. Ser correspondido en el amor es el cielo de la Humanidad en todos los poetas. Pero el cielo de Dostoievski es más alto. Para él, el abrazo no es todavía unión, la armonía no es todavía unidad, el amor no es un estado de felicidad, un equilibrio, sino lucha más enconada, dolor más intenso de heridas eternas y por lo tanto un instante de aflicción, una aflicción por la vida que es más fuerte que en cualquier otro momento. Los personajes de Dostoievski no se tocan cuando se aman. Al contrario, nunca se sienten tan agitados por las contradicciones de su ser como en el momento en que el amor se siente correspondido por el amor, pues no se dejan llevar por el entusiasmo, sino que tratan de superarlo. Verdaderos hijos de su alma dividida, no se detienen en este último segundo. Desprecian la suave culminación de este momento (por el que todos los demás suspiran como el más bello) en que el amante y la amada aman y son amados con la misma fuerza, pues esto sería armonía, un final, un límite, y ellos viven sólo por lo ilimitado. Los personajes de Dostoievski no quieren amar como son amados: sólo quieren amar y ser víctimas, aquel que más da y menos recibe, y pujan en locas subastas del sentimiento hasta que lo que empezó siendo un tranquilo juego se torna en jadeo, en suspiro, en combate, en tortura. En rabiosa metamorfosis, son felices cuando son rechazados, ridiculizados y despreciados, porque entonces son los que dan, los que dan sin fin y no piden nada a cambio, y por ello en este maestro de las contradicciones el odio siempre se parece al amor y el amor al odio. Pero también en los breves intervalos en que se aman de manera concentrada, por decirlo así, se rompe una vez más la unidad del sentimiento, pues los personajes de Dostoievski no pueden amarse unos a otros a la vez con las fuerzas unánimes del alma y de los sentidos. Aman con unas o con otras; carne y espíritu nunca viven en armonía en ellos. Fijémonos en sus mujeres: todas son Kundrys que viven a la vez en dos mundos de sentimientos, sirven con el alma al Santo Grial y al mismo tiempo queman voluptuosamente su cuerpo en los bosques floridos de Titurel. El fenómeno del amor doble, uno de los más complicados en otros poetas, es corriente y natural en Dostoievski. Nastasia Filípovna ama con el espíritu a Myshkin, el buen ángel, y a la vez ama con pasión sexual a Rogozhin, su enemigo. Ante la puerta de la iglesia abandona bruscamente al príncipe para correr al lecho del otro y de la orgía del borracho vuelve al refugio de su salvador. Su espíritu permanece en las alturas y contempla aterrado lo que hace su cuerpo; su cuerpo duerme un sueño hipnótico mientras su alma se entrega extasiada al otro. Y también Grúshenka ama y odia a la vez al primer hombre que la sedujo, ama con pasión a su Dmitri y ya con veneración completamente espiritual a Aliosha. La madre de *El adolescente* ama por gratitud a su primer marido y al mismo tiempo, por esclavitud, por humildad extremada, a Versílov. Son infinitos e inconmensurables los cambios que los demás psicólogos recogen ligeramente bajo el nombre de «amor», de la misma manera que médicos de tiempos pasados daban cabida en un mismo nombre a varios grupos de enfermedades para las cuales hoy tenemos cien nombres y cien métodos. En Dostoievski el amor puede ser odio metamorfoseado (Alexandra), compasión (Dunia), obstinación (Rogozhin), sensualidad (Fiódor Karamázov), autoinmolación, pero detrás del amor siempre se esconde otro sentimiento, un sentimiento atávico. En Dostoievski el amor nunca es un fenómeno elemental, indivisible, inexplicable, un milagro; él siempre explica y analiza este sentimiento apasionado. ¡Ah, infinitas son estas transformaciones y cada una irisada de todos los colores, ora frías como el hielo, ora ardiendo de nuevo, infinitas e impenetrables como la variedad de la vida! Recordaré simplemente a Katerina Ivanovna. Dmitri la ve en una baile, hace que se la presenten, la ofende y ella lo odia. Él se venga y la humilla... y ella lo ama, o en realidad no lo ama a él, sino la humillación que le inflige. Se sacrifica a él y cree amarlo, pero sólo ama su propio sacrificio, ama su propia pose de amor, y cuanto más parece amarlo más lo odia. Y este odio cae sobre la vida de Dmitri y la destruye, y cuando la ha destruido y su sacrificio se ha revelado como una mentira y su humillación ha sido vengada... ¡entonces lo ama de nuevo! Así de complicada es una relación amorosa en Dostoievski. ¿Cómo compararla con las historias de los libros que terminan cuando los dos protagonistas se aman después de haber pasado las mil y una peripecias? Las tragedias de Dostoievski empiezan cuando las demás terminan, pues él no busca el amor, la tibia reconciliación de los sexos, como sentido y triunfo del mundo. Enlaza con la tradición de los antiguos, en los que el sentido y la grandeza de un destino no consistía en tratar de poseer a una mujer, sino en desafiar al mundo y a todos los dioses. En Dostoievski el hombre vuelve a levantarse, no con los ojos puestos en las mujeres, sino con la frente despejada vuelta hacia su dios. Su tragedia es más grande que la que existe entre los sexos y en la relación entre hombre y mujer.

Cuando se ha conocido a Dostoievski hasta compartir con él tal profundidad de conocimientos y un análisis tan exhaustivo de los sentimientos, uno sabe que no hay camino de regreso al pasado. Si un arte quiere ser verdadero, no puede entronizar de nuevo los pequeños ídolos que destruyó ni encerrar de nuevo la novela en el pequeño círculo de la sociedad y de los sentimientos ni pretender empañar el misterioso reino intermedio de las almas. Dostoievski fue el primero en impartirnos la noción de hombre que todos somos por contraposición con el pasado, más diferenciado en sus sentimientos, porque posee una carga de conocimientos mucho mayor que todos los anteriores. Nadie puede calcular hasta qué punto nos hemos ido acercando al hombre de Dostoievski en los cincuenta años transcurridos desde sus libros, cuántas de sus profecías se han cumplido en nuestra sangre y en nuestro espíritu. El nuevo continente que él fue el primero en pisar es quizá ya nuestra tierra y las fronteras que él allanó, nuestra patria segura.

Dostoievski nos ha abierto proféticamente caminos infinitos que parten de nuestra última verdad, la que hoy conocemos. Ha dado una nueva medida a la profundidad del hombre: nunca un mortal antes de él ha sabido tanto del secreto inmortal del alma. Pero, asombrosamente, por mucho que ha ensanchado el conocimiento de nosotros mismos, por muchas cosas que hayamos apren-

dido con él, este saber no nos hace olvidar el alto sentimiento de la humildad ni la sensación de que la vida es
algo demoníaco. Con Dostoievski nos hemos vuelto más
conscientes, pero no más libres, sino sólo más compro-
metidos. Pues, así como el hombre moderno, aun sa-
biendo que el rayo es un fenómeno eléctrico, una tensión
y descarga de la atmósfera, no lo considera menos vio-
lento que las generaciones anteriores, tampoco el mejor
conocimiento que tenemos de los mecanismos del alma
nos hace menguar el respeto por la Humanidad. Precisamente Dostoievski, este gran analista del sentimiento,
que nos ha mostrado con sabiduría todas las particularidades del alma, nos infunde a la vez un sentimiento de
humanidad más profundo y universal que todos los poetas de nuestro tiempo. Y quien ha conocido al hombre
como nadie antes de él, siente como ninguno un gran
respeto por lo inexplicable que lo creó: por lo divino,
por Dios.

EL TORMENTO DE DIOS

> Dios me ha atormentado
> a lo largo de toda la vida.
>
> DOSTOIEVSKI

«¿Existe o no existe Dios?», interpela Iván Karamázov a su doble, el diablo, en aquel terrible diálogo. El tentador sonríe. No tiene prisa en responder, en descargar a un hombre atormentado de la más difícil de las preguntas. «Con enconada obstinación» Iván insta en su obsesión por Dios a Satanás que le dé una respuesta a este trascendental problema de la existencia. Pero el diablo se limita a atizar el fuego de la impaciencia. «No lo sé», contesta al desesperado Iván. Sólo para atormentar al hombre, deja la pregunta sin respuesta, le hace sufrir el tormento divino.

Todos los personajes de Dostoievski, y no en último lugar el propio escritor, llevan en su interior a este Satanás que plantea la cuestión de Dios y no la responde. A todos les ha sido dado aquel «corazón superior» capaz de atormentarse con esta angustiosa pregunta. «¿Cree usted en Dios?», espeta bruscamente Stavroguin, otro diablo convertido en hombre, al humilde Shátov. La pregunta se le clava en el corazón como acero ardiente. Shátov retrocede tambaleante. Tiembla, palidece, pues precisamente los hombres más rectos de Dostoievski tiemblan ante esta confesión suprema (y él mismo ¡cómo se estremecía, presa de santo temor!). Y cuando Stavroguin lo acosa cada vez con más insistencia, balbucea con labios lívidos esta evasiva: «Creo en Rusia.» Y sólo por amor a Rusia profesa su fe en Dios.

Este dios oculto es el problema central de todas las obras de Dostoievski, el dios que está en nosotros y fuera de nosotros, y su resurrección. Para él, un ruso auténtico, el más grande e importante que ha dado este inmenso pueblo, la cuestión de Dios y de la inmortalidad fue, según su propia definición, «la más trascendente de la vida». Ninguno de sus personajes puede hurtarse a la pregunta: la llevan pegada al cuerpo como sombra de sus actos, ora corriendo delante de ellos, ora detrás como arrepentimiento. No pueden evadirla, y el único que trata de negarla, el increíble mártir del pensamiento, el Kirílov de *Los demonios*, tiene que matarse para matar a Dios, y con ello demuestra, con más pasión que los demás, su existencia y su inevitabilidad. Fijémonos en las conversaciones, en cómo pretenden evitar hablar de Él, en cómo Lo evitan y esquivan: prefieren hablar siempre de temas menos sublimes, en el *small talk* de la novela inglesa: de la servidumbre, mujeres, la Madona Sixtina, Europa; pero la enorme fuerza gravitatoria de la cuestión de Dios está presente en cada tema y acaba atrayéndolos como por arte de magia a su fondo insondable. Toda discusión en la obra de Dostoievski termina con el pensamiento puesto en Rusia o en Dios, y vemos que para él estas dos ideas son una misma. Auténticos rusos, sus personajes no pueden hacer marcha atrás en sus sentimientos y en sus ideas, inevitablemente tienen que pasar de lo práctico y real a lo abstracto, de lo finito a lo infinito, tienen que llegar siempre al final. Y el final de todos los temas es la cuestión de Dios. Es el torbellino interior que arrastra sin remisión sus ideas, es la ulcerante astilla clavada en su carne que enciende sus almas en fiebre.

En fiebre. Pues Dios—el Dios de Dostoievski—es el principio de toda inquietud, porque Él, primer padre de los contrastes, es a la vez el Sí y el No. No es aquel Dios pintado en los cuadros de los viejos maestros o descrito por los místicos, que flota afablemente sobre las nubes con una solemnidad beatífica y contemplativa. El Dios de Dostoievski es la chispa que salta entre los polos eléctricos de los contrastes más primitivos y eternos, no es un ser, sino un estado, un estado de tensión, un proceso de combustión del sentimiento, es fuego, es la llama que calienta y hace hervir a los hombres hasta que rebosan de éxtasis. Es el látigo que los expulsa de su cuerpo tibio y confortable y los empuja al infinito, que los tienta a todos los excesos de la palabra y de la acción y los arroja a la zarza ardiendo de sus vicios. Es como los hombres de Dostoievski, como el hombre que lo creó, un Dios insaciable al que ningún esfuerzo vence, ningún pensamiento cansa, ningún sacrificio aplaca. Es el eternamente inaccesible, el tormento de todos los tormentos, y por eso del pecho de Dostoievski se escapa aquel grito de Kirílov: «Dios me ha atormentado a lo largo de toda mi vida.»

Éste es el secreto de Dostoievski: necesita a Dios, pero no lo encuentra. A veces cree oírlo y se siente ya envuelto en el éxtasis, pero su necesidad de negación lo devuelve bruscamente a la tierra. «Necesito a Dios», dice en una ocasión, «porque es el único ser al que uno siempre puede amar.» Y en otra: «No hay angustia más incesante y torturadora para el hombre que encontrar algo ante lo cual poder humillarse.» Durante sesenta años sufre este tormento de Dios y ama a Dios como ama todas sus aflicciones, lo ama más que todo porque es el más eterno de sus sufrimientos, y este amor al dolor representa la idea más profunda de su ser. Durante sesenta años libra una batalla interior para llegar a Él y anhela la fe «como la hierba seca» el agua. El hombre del alma eternamente hendida busca la unidad, el hombre eternamente acosado desea un respiro, el hombre eternamente arrastrado por los rápidos de la pasión, como río que se ha cerrado toda salida, busca el descanso, el océano. Sueña a Dios como sosiego y lo conoce sólo como fuego. Quisiera hacerse pequeño, simple en espíritu, para poder entrar en Él, quisiera poder tener la fe del carbonero para llegar a ser creyente. Como Verlaine, implora: «Donnez-moi de la simplicité.» Su sueño es quemar el cerebro en el fuego del sentimiento, afluir a las tranquilas aguas de Dios, aletargarse como un animal en invierno. ¡Ah, cómo extiende los brazos hacia Él, cómo se arrebata su pecho, cómo grita y lanza los arpones de la lógica para alcanzarlo, cómo le coloca el cepo más osado de las pruebas racionales y le lanza su pasión como una flecha para dar con Él! Su amor es sed de Dios, una «pasión casi indecorosa», un paroxismo, un delirio.

Pero ¿basta con querer creer fanáticamente para ser creyente? ¿Era Dostoievski, el abogado más elocuente de la ortodoxia, la «pravoslavia», practicante de esta fe, un *poeta christianissimus*? Por supuesto que lo era durante los segundos en que el espasmo lo arrastraba convulsivamente al infinito: entonces este hombre clavado en la cruz de las contradicciones se agarraba temblando a Dios, tenía en las manos la armonía que le negaba la Tierra, y resucitaba en el cielo único. Sin embargo, incluso en estos instantes algo en su interior se mantenía despierto y alerta, algo que no se derretía en el fuego del alma. Cuando ya parecía completamente perdido en una embriaguez sobrenatural, el cruel espíritu del análisis se mantenía desconfiado al acecho y medía el mar en el que quería sumergirse. Su otro yo, inexorable, se defiende contra la renuncia de la personalidad. También en el problema de Dios se abre el irremediable conflicto que es congénito a todos los hombres, pero ningún mortal hasta ahora ha ensanchado tanto la boca de este abismo como Dostoievski. Es el más creyente de todos los hombres y el ateo más extremado en una misma alma, en sus personajes ha representado las posibilidades más diametralmente opuestas de ambas formas con la misma fuerza de convicción (aunque sin convencerse a sí mismo y sin decidirse por ninguna): la humildad del abandono de sí mismo, de disolverse como un grano de polvo en Dios y, a la vez, el otro extremo, el más grandioso, el ansia de convertirse en Dios: «Reconocer que hay un Dios y al mismo tiempo saber que uno no ha llegado a serlo sería un absurdo capaz de empujar al hombre al suicidio.» Y su corazón está con ambos, con el siervo de Dios y con el ateo, con Aliosha y con Iván Karamázov. Jamás se decide por ninguno de los dos bandos en el interminable concilio de sus obras, se queda con los creyentes y con los heréticos. Su fe es una corriente de fuego alterna entre el Sí y el No, los dos polos del mundo. También ante Dios Dostoievski es el gran réprobo de la unidad.

Es, pues, Sísifo, el que hace rodar eternamente la piedra hacia las alturas del conocimiento y ve cómo cada vez se le escapa. Es el que se afana eternamente por llegar a Dios y nunca lo alcanza. Pero ¿acaso me equivoco? ¿No es Dostoievski el gran predicador de la fe a los hombres? ¿No resuena en todas sus obras el órgano interpretando el grandioso himno a Dios? ¿No atestiguan todos sus escritos políticos y literarios, de modo unánime, dictatorial e indudable, la necesidad y la existencia de Dios? ¿No decretan la ortodoxia y no rechazan el ateísmo como el mayor de los crímenes? Pero no confundamos voluntad y verdad, la fe con el postulado de la fe. Dostoievski, el poeta de la eterna conversión, ese contraste hecho carne, predica la fe como necesidad, la predica a los demás con tanto más ardor cuanto él mismo carece de ella (en el sentido de una fe firme, constante, tranquila, confiada, que un «entusiasmo lúcido» formula como el más alto deber). Escribe a una mujer desde Siberia: «Quiero decirle de mí que soy hijo de esta época, hijo de la incredulidad y de la duda, y es probable, no, lo sé con seguridad, que lo seguiré siendo hasta el fin de mis días. ¡Qué atrozmente me atormentaba y me atormenta todavía hoy el ansia de fe, una ansia que es tanto más fuerte cuantas más son las pruebas que tengo en su contra!» Jamás lo expresó con tanta claridad: ansía la fe por falta de fe. Y aquí tenemos una de estas sublimes inversiones de valores: precisamente porque él no cree y conoce la tortura de la falta de fe, porque, en sus propias palabras, quiere la tortura para sí mismo y la piedad para los demás, predica a los demás la fe en un Dios en el que él no cree. Dostoievski, que sufre la tortura de Dios, quiere una Humanidad de fe ferviente; él, que sufre por falta de fe, quiere que los hombres sean felices creyendo. Clavado a la cruz de su incredulidad, predica al pueblo la ortodoxia, reprime sus propios conocimientos porque sabe que desgarran y queman, y predica la mentira, que da la felicidad, la estricta y literal fe del campesino. Él, que «no tiene ni un grano de fe», que se ha rebelado contra Dios y, como él mismo dijo con orgullo, «ha expresado el ateísmo con una fuerza sin igual en Europa», reclama la sumisión a los popes. Para proteger a los hombres de la tortura de Dios, que él sufrió como nadie en su propia carne, proclama el amor a Dios, porque sabe que «las vacilaciones y el desasosiego de la fe son para el hombre escrupuloso un martirio tal, que es mejor ahorcarse». Tampoco él se ha librado de esta tortura, ha tomado sobre sí el martirio de la duda. Pero quiere salvar de ella a la Humanidad, a la que ama infinitamente; como Gran Inquisidor suyo, quiere ahorrar a la Humanidad el tormento de la libertad de conciencia y arrullarla con el ritmo muerto de la autoridad. Y así, en vez de proclamar con orgullo la verdad de su saber, inventa la humilde mentira de la fe. Traslada el problema religioso al nacional, al que infunde el fanatismo de lo divino. Y como el más fiel de sus siervos, responde a la pregunta de si cree en Dios con la confesión más sincera de su vida: «Creo en Rusia.»

Pues éste es su refugio, su escapatoria, su salvación: Rusia. Aquí su palabra ya no es dilema ni conflicto y se convierte en dogma. Puesto que Dios no le habla, se crea un mediador entre él y su conciencia, un Cristo que anunciará una nueva Humanidad, el Cristo ruso. Elevándose por encima de la realidad y de la época, se precipita con su enorme necesidad de fe hacia algo indeterminado—pues este hombre sin medida sólo puede entregarse completamente a lo indeterminado e infinito—, hacia la idea inmensa de Rusia, esta palabra que él llena con toda la profusión de su capacidad de creer. Como otro Bautista, anuncia este nuevo Cristo sin haberlo visto. Pero habla al mundo en su nombre, en nombre de Rusia.

Estos escritos mesiánicos de Dostoievski—son los artículos políticos y algunos prontos de *Los hermanos Karamázov*—son oscuros. Emerge de ellos muy borroso el rostro de este nuevo Cristo, la nueva idea de la redención y de la reconciliación universal: un rostro bizantino de rasgos duros y severos. Como en los viejos iconos, oscurecidos por el humo, nos miran fijamente unos ojos penetrantes y turbadores, en los que hay fervor, un fervor infinito, pero también odio y rigor. Y terrible también resulta Dostoievski cuando nos anuncia a los europeos, como a paganos extraviados, este mensaje ruso de redención. El político, el fanático religioso, se nos presenta como un malvado y fanático monje medieval blandiendo como un azote la cruz bizantina. Anuncia su doctrina no en forma de sermón apacible, sino en convulsiones místicas, llenas de delirio y aflicción, y descarga su pasión en demoníacos accesos de ira. Echa abajo a mazazos todas las objeciones; delirando de fiebre, ceñido de soberbia, centelleando de odio, toma por asalto la tribuna de la época. Con la boca espumeante y las manos temblorosas lanza exorcismos sobre nuestro mundo.

Iconoclasta furibundo, arremete contra los santuarios de la cultura europea. Furioso, pisotea todos nuestros ideales para allanar el camino a su nuevo Cristo, el ruso. Su intolerancia moscovita llega al paroxismo. ¿Qué es Europa? Un cementerio, quizá con nuevas tumbas, pero apestando a podredumbre, ni siquiera es estiércol para la nueva siembra. Ésta sólo prospera en suelo ruso. Los franceses, unos fatuos y presumidos; los alemanes, un vil pueblo de salchicheros; los ingleses, mercachifles de la sutileza; los judíos, orgullo hediondo; el catolicismo, una doctrina del demonio, un escarnio de Cristo; el protestantismo, la fe de un Estado de racionalistas; ambas religiones, caricaturas de la única fe verdadera: la de la Iglesia rusa. El Papa, el Satanás con tiara; nuestras ciudades, Babilonia, la gran prostituta del Apocalipsis; nuestra ciencia, un artificio vanidoso; la democracia, caldo espeso de un cerebro blando; la revolución, una chiquillada chapucera para tontos y engañados; el pacifismo, chismes de viejas. Todas las ideas de Europa son un ramo de flores secas y marchitas, buenas sólo para tirar al estercolero. La idea rusa es la única verdadera, la única grande. La única auténtica. Poseído por el delirio de amok, el exagerado y furioso poeta sigue atacando y rechazando con el puñal todas las objeciones: «Nosotros os entendemos, pero vosotros a nosotros no.» Así termina, brusca y sangrientamente, toda discusión. «Los rusos tenemos una comprensión universal; vosotros, limitada», decreta. Sólo Rusia es verdadera, y todo lo que hay en Rusia, el zar y el knut, el pope y el campesino, la troica y el icono es tanto más verdadero cuanto más antieuropeo, asiático, mongólico y tártaro; tanto más verdadero cuanto más conservador, retrógrado y bizantino y menos progresista e intelectual. ¡Oh, cómo se desahoga aquí ese exagerado! «Seamos asiáticos, seamos sármatas», se regocija. «Salgamos de San Petersburgo, la europea, y regresemos a Moscú, y más allá, hasta Siberia. La nueva Rusia es el Tercer Reino.» Ese monje medieval, ebrio de Dios, no admite discusión. ¡Abajo la razón! Rusia es el dogma que hay que profesar sin protesta. «No se comprende Rusia con la razón, sino con la fe.» Quien no se postra de rodillas ante ella es el enemigo, el anticristo. ¡Cruzada contra él! Su voz retumba vibrante en medio de los toques de clarín de la guerra. Hay que aplastar a Austria, arrancar la Media Luna de la Hagia Sophia de Constantinopla, humillar a Alemania, derrotar a Inglaterra. Un desvariado imperialismo envuelve su arrogancia en la cogulla de monje y grita: «Dieu le veut.» ¡Por el reino de Dios el mundo entero para Rusia!

Rusia, pues, es Cristo, el nuevo Redentor, y nosotros somos los paganos. Nada nos salvará, réprobos, del purgatorio de nuestra culpa: hemos cometido el pecado original de no ser rusos. Nuestro mundo no tiene cabida en este nuevo Tercer Reino: para redimirse, nuestro mundo europeo tiene primero que desaparecer en el imperio universal ruso, en el nuevo reino de Dios. Dice literalmente: «Todo hombre debe primero ser ruso.» Sólo entonces comenzará el nuevo mundo. Rusia es el pueblo elegido por Dios: primero debe conquistar la Tierra por la espada y luego dirá su «última palabra» a la Humanidad. Y esta última palabra es para Dostoievski reconciliación. Según él, el genio ruso consiste en la capacidad de comprenderlo todo, de conciliar todas las contradicciones. El ruso posee una comprensión universal y por eso es tolerante en alto grado. Y su Estado, el Estado futuro, será la Iglesia, la forma de comunidad fraterna, la compenetración en vez de la subordinación. Y parece un prólogo a los acontecimientos de esta guerra de ahora (tan nutrida en sus comienzos de las ideas de Dostoievski como de las de Tolstói en su final) cuando dice: «Seremos los primeros en anunciar al mundo que no queremos prosperar a costa de oprimir la personalidad y las demás nacionalidades, sino, al contrario, a través del desarrollo más libre e independiente posible de todas las naciones y de una unión fraternal.» Lenin y Trotski están en esta profecía, pero también la guerra que con tanta pasión ensalzó este eterno abogado defensor de la tensión entre contrarios. Reconciliación universal como meta, pero Rusia como único camino «creará el mundo desde Oriente». La luz eterna se elevará por encima de los Urales, y el pueblo sencillo, no el espíritu sapiente, no la cultura europea, redimirá nuestro mundo con sus fuerzas, aliadas a los oscuros secretos de la Tierra. En vez del poder reinará la caridad, en vez del choque de personalidades imperará el sentimiento de pertenecer a la misma familia humana y el nuevo Cristo, el ruso, traerá la reconciliación de todos. Y el tigre se apacentará junto al cordero y el corzo junto al león... ¡Cómo tiembla la voz de Dostoievski cuando habla del Tercer Reino, de la Panrusia sobre la Tierra, cómo se estremece todo su ser en el éxtasis de la fe, qué maravilloso resulta en sus sueños mesiánicos este hombre que sabía de las realidades más que nadie!

Y es que en la palabra Rusia, en la idea de Rusia, Dostoievski ve el sueño de este Cristo, la idea de la reconciliación de los contrarios que él buscó en vano durante sesenta años en la vida, en el arte e incluso en Dios. Pero esta Rusia, ¿cuál es, la real o la mística, la política o la profética? Como suele ocurrir en Dostoievski, ambas a la vez. Es inútil pedir lógica a un apasionado y razonamiento a un dogma. En los escritos mesiánicos de Dostoievski, en sus obras políticas y literarias, los conceptos chocan unos con otros y se mezclan en delirante confusión. Rusia tan pronto es Cristo como Dios o el imperio de Pedro el Grande o la nueva Roma, la unión de espíritu y poder, de tiara y corona imperial; su capital es tan pronto Moscú como Constantinopla o la nueva Jerusalén. Los más humildes ideales de humanidad universal alternan bruscamente con ambiciosas apetencias eslavófilas de conquista y los horóscopos políticos asombrosamente precisos se convierten en fantásticas promesas apocalípticas. Ora relega la idea de Rusia a la estrechez del momento político, ora la eleva hasta lo infinito: aquí, como en la obra de arte, se hace patente la misma mezcla burbujeante de agua y fuego, de realismo y fantasía. El hombre demoníaco que lleva dentro, el furibundo exagerado, forzado a guardar moderación en las novelas, aquí despliega todas sus energías en píticas convulsiones: con todo el fervor de su ardiente pasión predica Rusia como la salvación del mundo, la única y verdadera bienaventuranza. Jamás una idea nacional había sido anunciada a Europa como idea universal con más soberbia, genio, atractivo, fascinación y éxtasis embriagador como la idea de Rusia en los libros de Dostoievski.

Una excrecencia inorgánica del gran genio parece este fanático de la raza, este monje ruso despiadado y extático, este panfletista altanero, este falso creyente. Pero también es necesaria para completar la personalidad de Dostoievski. Cada vez que no comprendemos un fenómeno de este escritor debemos buscar la explicación en el contraste. No olvidemos que Dostoievski es un Sí y un No, autodestrucción y autoexaltación, el contraste llevado hasta el extremo. Y esta arrogancia exagerada no es sino la otra cara de una humildad exagerada y su exaltada conciencia nacional no es sino el sentimiento opuesto al desorbitado sentimiento de su nulidad personal. Se parte por decirlo así en dos mitades: orgullo y humildad. Humilla su personalidad: busquemos en los veinte volúmenes de su obra una sola palabra de vanidad, de orgullo, de arrogancia. Sólo encontraremos autodetracción, asco, acusación, degradación. Y todo lo que hay en él de orgullo lo vierte en la raza, en la idea de su pueblo. Destruye cuanto tiene de valor su personalidad individual y diviniza cuanto hay de impersonal en él, el ruso, el hombre universal. De no creer en Dios pasa a predicarlo, de no creer en sí mismo pasa a ser heraldo de su nación y de la Humanidad. También en lo ideológico es el mártir que se clava a la cruz para redimir la idea. He aquí su gran secreto: dar fruto a través del contraste, extender este contraste hasta el infinito para que abarque el mundo entero y luego dirigir hacia el futuro la fuerza que emana de él. Los demás poetas suelen crear su ideal a fuerza de exaltar su personalidad, copiándose a sí mismos purificados, transfigurados, mejorados y realzados, considerando el hombre futuro como el tipo acrisolado de ellos mismos. Dostoievski, el hombre de los contrastes, el creador dualista, modela su ideal, su Dios, a través de la antítesis consigo mismo: se rebaja al polo negativo de la vida. Sólo quiere ser la arcilla, el barro del que sale el nuevo molde; a su siniestra corresponde una diestra en la imagen futura; a la hondura, una elevación; a su duda, una fe, y a su personalidad hendida, una unidad. «Perezca yo si con ello los demás son felices.» Esta frase de su *stárets* está en el espíritu de Dostoievski. Se aniquila para resucitar en el hombre futuro.

Por esta razón, el ideal de Dostoievski es ser como no es, pensar como no piensa, vivir como no vive. El hombre nuevo se opone a su forma individual en todos los rasgos, hasta en el mínimo detalle; de cada sombra de su propio ser sale una luz, de cada tiniebla, un resplandor. Del No a sí mismo crea el Sí, el sí apasionado a la nueva Humanidad. Esta inaudita condena moral de sí mismo, esta anulación del ego individual se extiende hasta lo corporal en beneficio del hombre futuro, del hombre universal. Contemplemos su imagen, su fotografía, su mascarilla, y comparémoslas con las de los personajes en los que plasma su ideal: Aliosha Karamázov, el *stárets* Zósima, el príncipe Myshkin, estos tres esbozos del Cristo ruso, el Salvador, que Dostoievski trazó. Y el resultado será que cada una de sus líneas, hasta la más pequeña, contrasta con él. El rostro de Dostoievski es sombrío, lleno de secretos y oscuridad; el de aquéllos, alegre y de una plácida sinceridad; la voz de Dostoievski es ronca y abrupta; la de aquellos hombres, dulce y queda. En él el pelo es enmarañado y oscuro y los ojos, hundidos e inquietos. El rostro de los otros es claro y aureolado por suaves mechones, y los ojos brillan sin inquietud ni angustia. El autor dice expresamente de ellos que miran derechamente y que su mirada tiene la dulce sonrisa de los niños. Los labios de Dostoievski son estrechos y se fruncen con las bruscas arrugas del desdén y de la pasión; no saben reír. Aliosha y Zósima tienen la sonrisa franca del hombre seguro de sí mismo sobre la cual brillan blancos dientes. Así pues, Dostoievski contrasta su propia imagen, rasgo tras rasgo, como negativo de la nueva forma. Su rostro es el de un hombre encadenado, del esclavo de todas las pasiones, abrumado por el peso de los pensamientos; el de ellos expresa la libertad interior, la desinhibición, el flotar entre el cielo y la tierra. Él es desgarramiento, dualismo; ellos, armonía y unidad. Él es el hombre egocéntrico, encerrado en sí mismo; ellos son el hombre universal, que se derrama en Dios desde todos los extremos de su ser.

Esta creación de un ideal moral a partir de la autodestrucción jamás fue tan perfecta en todas las esferas éticas e intelectuales. Autocondenándose, como quien dice cortándose las venas, Dostoievski pinta con su propia sangre la imagen del hombre futuro. Era todavía el hombre apasionado y convulsivo, el hombre de los cortos saltos de tigre, cuyo entusiasmo es como la llama de soplete que brota de la explosión de los sentidos o de los nervios; aquéllos, en cambio, son las brasas castas, mansas, pero en eterno movimiento. Poseen la tranquila obstinación que llega más allá que los impetuosos saltos del éxtasis; poseen la auténtica humildad, que no teme al ridículo; no son, como él, los eternos humillados y ofendidos, los impedidos y deformados. Pueden hablar con cualquiera y cualquiera se siente tranquilo en su presencia; no tienen la eterna histeria del miedo a molestar o ser molestados; no miran a cada paso a su alrededor sin comprender. Lo saben todo, pero precisamente por eso también lo comprenden todo, no juzgan ni condenan, no cavilan acerca de las cosas, sino que las creen agradecidos. Es curioso: el eterno inquieto ve en el hombre sosegado y lúcido la forma suprema de la vida; el hombre de las contradicciones postula como ideal último la unidad; el rebelde, la sumisión. Lo que para él es tortura de Dios en ellos se ha convertido en gozo de Dios; su duda, en certeza; su histeria, en salud; su aflicción, en una dicha universal. Lo supremo y más hermoso de la vida es para él lo que él mismo, el consciente y el inconsciente, jamás conoció y que por eso ansía como lo más sublime para el hombre: candor, inocencia del corazón, la alegría mansa y natural.

Ved cómo andan sus personajes predilectos: con una dulce sonrisa en los labios; lo saben todo y, sin embargo, no conocen el orgullo; no viven en el secreto de la vida como en un pozo de fuego, sino como rodeados de un cielo azul. Han vencido a los enemigos primigenios de la existencia, «el dolor y el miedo», y por eso son bienaventurados en la fraternidad infinita de las cosas. Han sido redimidos de su yo. La felicidad suprema de los mortales es la impersonalidad: así, el mayor de los individualistas convierte la ciencia de Dios en una nueva fe.

La historia del espíritu no conoce otro ejemplo de autodestrucción moral en un hombre ni un caso parecido de creación fructuosa de un ideal partiendo del contraste. Mártir de sí mismo, Dostoievski se clava en la cruz: clava su saber para dar testimonio de su fe; clava su cuerpo para que a través del arte engendre al nuevo hombre; clava su individualidad por amor a la totalidad.

Quiere que su muerte sea un ejemplo a fin de que nazca una Humanidad mejor y más feliz: carga con todo el dolor por la felicidad de los demás. Y el que vivió sesenta años en la más dolorosa tensión de sus contradicciones y escarbó hasta el fondo de su ser para encontrar a Dios y con Él el sentido de la vida, arroja todos los conocimientos acumulados en aras de una nueva Humanidad, a la que revela su mayor secreto, la última fórmula, la más inolvidable: «Amar la vida más que el sentido de la vida.»

VITA TRIUMPHATRIX

A pesar de todo, la vida es bella.

GOETHE

¡Qué oscuro es el camino que cruza los abismos de Dostoievski, qué sombrío su paisaje, qué abrumadora su inmensidad, misteriosamente semejante a su trágico rostro, que lleva esculpido todo el dolor de la vida! Círculos infernales del corazón, purgatorio purpúreo del alma, el pozo más profundo que la mano del hombre haya cavado jamás en las entrañas del sentimiento. ¡Cuánta oscuridad en este mundo humano y cuánto dolor en esta oscuridad! ¡Cuánta tristeza en su tierra, esta tierra «empapada de lágrimas hasta su corteza más profunda»! ¡Qué círculos infernales en su interior, más tétricos que los de Dante, vislumbró el profeta hace mil años! ¡Víctimas irredentas de su condición terrenal, mártires de sus propios sentimientos, enroscados por las serpientes de sus pasiones, torturados por todos los flagelos del espíritu, espumeantes en la crecida de su impotente rebelión: oh, qué mundo este mundo de Dostoievski! ¡Tapiada toda alegría, desterrada toda esperanza, sin redención para el dolor que, como una muralla levantada hasta el infinito, cerca a todas sus víctimas! ¿No hay compasión que salve a sus hombres de su propio abismo? ¿No sonará una hora apocalíptica que haga saltar por los aires este infierno creado por un hombre de Dios con su tormento?

Tumultos y guerras como la Humanidad nunca conoció emanan de este abismo. Jamás se cernió tanta oscuridad sobre una obra. Incluso las criaturas de Miguel Ángel encuentran mayor alivio en su aflicción, y sobre el infierno de Dante brilla la bienaventurada luz del Paraíso. ¿En verdad la vida no es sino una noche eterna en la obra de Dostoievski y el dolor lo que da sentido a la vida? El alma se asoma temblorosa al abismo y se estremece al no oír sino congojas y lamentaciones de sus hermanos.

Pero entonces, de pronto, una palabra surge del abismo, casi inaudible en el tumulto, pero lo sobrevuela como una paloma que echa a volar sobre el mar tempestuoso. Ha sido pronunciada con dulzura, grande y santo es su sentido: «Amigos, no temáis a la vida.» Y un silencio sale de esta palabra, el abismo escucha estremecido cuando vuelve a oírse la voz cerniéndose sobre todos los tormentos y diciendo: «Sólo el tormento nos enseña a amar la vida.»

¿Quién pronuncia esta palabra, la más reconfortante? El que sufrió más que todos, él mismo: Dostoievski. Sus manos están todavía extendidas y clavadas en la cruz de su contradicción, todavía los clavos del suplicio traspasan su frágil cuerpo, pero él besa con humildad el madero del tormento de esta existencia, y sus labios se abren dulcemente cuando revelan el gran secreto a sus hermanos: «Creo que primero de todo debemos aprender a amar la vida.»

Y en sus palabras alborea el día, suena la hora apocalíptica. Se abren las tumbas y las cárceles, los muertos y los encerrados salen de los agujeros, y todos, todos se acercan al poeta para ser apóstoles de su palabra, todos se levantan de su aflicción. Acuden en tropel de las cárceles, de la *kátorga* de Siberia, haciendo rechinar sus cadenas, acuden de los cuartuchos, de los burdeles y de las celdas conventuales, todos los grandes enfermos de pasión; todavía tienen las manos ensangrentadas, todavía les escuecen las espaldas flageladas, todavía están envilecidos por la ira y la miseria, pero los lamentos ya se quiebran en sus labios y sus lágrimas centellean de confianza. ¡Oh, eterno milagro de Balaam!, la maldición se torna bendición en sus labios ardientes cuando oyen el hosanna del maestro, el hosanna que «ha pasado por todos los purgatorios de la duda». Los más sombríos son los primeros y los más tristes son los más creyentes; todos se adelantan para dar testimonio de la palabra. Y de sus bocas ásperas y sedientas sale espumeante como un gran coral el himno al dolor, el himno a la vida, con la fuerza primigenia del éxtasis. Todos, todos los mártires están presentes para glorificar la vida. Dmitri Karamázov, el inocente condenado, con las cadenas en las manos, grita de alegría con todas sus fuerzas: «Venceré todos los sufrimientos sólo para poder decirme: "Existo." Aunque me retuerza de dolor en el potro de tortura, sé que existo; aunque encadenado a la galera, veo el sol y, aunque no lo vea, vivo a pesar de todo y sé que el sol está ahí.» Y su hermano Iván acude a su lado y anuncia: «No hay desdicha más irrevocable que la de estar muerto.» Y el éxtasis de la existencia penetra en su pecho como un rayo de sol, y aquel que negara a Dios exclama: «Te amo, Dios, porque la vida es algo grandioso.» El eterno escéptico, Stepán Trofímovich, se incorpora sobre la almohada en que agoniza y balbucea: «¡Ah, de buen grado volvería a vivir! Cada minuto, cada momento, debe ser la gloria para el hombre.» Las voces se hacen cada vez más claras, más nítidas, más elevadas. El príncipe Myshkin, el extraviado, llevado por las precarias alas de sus errantes sentidos, extiende los brazos y fantasea: «No entiendo cómo alguien puede pasar por delante de un árbol sin sentirse feliz de existir y de que lo amen... Con cuántas cosas maravillosas nos tropezamos a cada paso en esta vida, cosas que incluso el más réprobo considera maravillosas.» El *stárets* Zósima predica: «Los que reniegan de Dios y de la vida reniegan de ellos mismos... Si amas todas las cosas, en todas ellas se te revelará el misterio de Dios, y acabarás por abrazar el mundo entero con un amor universal.» E incluso el «hombre de la callejuela», el pequeño e intimidado anónimo, acude con su andrajoso abrigo y, extendiendo el brazo, dice: «La vida es belleza, sólo el dolor tiene sentido. ¡Oh, qué bella es la vida!» El «hombre ridículo» sale de su sueño «para proclamar que la vida es algo grandioso». Todos, todos salen arrastrándose como gusanos de las madrigueras de su ser para unir sus voces al gran coral. Nadie quiere morir, abandonar la vida, la sacrosanta y amada vida; ningún dolor es tan profundo que se quiera cambiar por la muerte, el eterno adversario. Y entre las gruesas paredes de este infierno, tiniebla de la desesperación, retumba de pronto el himno del Destino y de los purgatorios surge una llama fanática de gratitud. La luz, una luz infinita, penetra a raudales, el cielo de Dostoievski se abre sobre la Tierra y, acallando todas las demás palabras, retumba la última que Dostoievski escribió, la palabra de los niños junto a la gran piedra, el santamente bárbaro grito: «¡Hurra a la vida!»

¡Oh, vida, que con sabia voluntad creas mártires

para que te canten alabanzas! ¡Oh, vida, sabia y cruel, que esclavizas a los más grandes para que pregonen tu triunfo! Quieres oír siempre de nuevo el eterno grito de Job, que resuena a través de los siglos porque reconoce a Dios en la calamidad, y el himno de Daniel y los dos jóvenes mientras sus cuerpos se abrasan en el horno de fuego. ¡Eternamente enciendes el carbón ardiente en la lengua de los poetas que haces sufrir para que sean tus esclavos y te canten con amor! Hieres a Beethoven en el oído, el sentido de la música, para que, sordo, oiga la voz atronadora de Dios y, tocado por la muerte, componga para ti el Himno a la Alegría; arrojas a Rembrandt a las tinieblas de la pobreza para que busque la luz, tu luz primigenia, en el color; expulsas a Dante de su patria para que vea el cielo y el infierno en sueños; a todos has arrojado con tu azote en tu inmensidad. Y a éste, al que flagelaste como a ninguno, también lo has convertido en tu esclavo, y he aquí que, echando espuma por la boca, presa de convulsiones, te grita lleno de júbilo: ¡Hosanna!, un hosanna santo que «ha pasado por todos los purgatorios de la duda». ¡Oh, cómo triunfas en los hombres que haces sufrir, conviertes la noche en día, el dolor en amor, y del infierno arrancas el himno de alabanza en tu honor! Pues el más doliente es el más sabio y quien te conoce tiene por fuerza que bendecirte: ¡y éste, que te conoció más profundamente que nadie, también como nadie ha dado fe de ti y como nadie te ha amado!

ESTA REIMPRESIÓN, DÉCIMA,
DE «TRES MAESTROS», DE STEFAN ZWEIG,
SE TERMINÓ DE IMPRIMIR
EN CAPELLADES EN EL
MES DE MARZO
DEL AÑO
2024